世界一しあわせなフィンランド人は、幸福を追い求めない

A WONDERFUL LIFE:
INSIGHTS ON FINDING
A MEANINGFUL EXISTENCE

フランク・マルテラ　夏目 大〈訳〉

ハーパーコリンズ・ジャパン

Published by K.K. HarperCollins Japan, 2021

私はどうしてこの世界にやってきたのか。なぜ私はそのことを問わずにいたのか。この世界の規則も法則も知らされることなく、ただ、ある場所に生まれさせられたのはなぜか……私は、現実と呼ばれるこの大きな企てにいかにして参加するようになったのか。また参加すべきなのはなぜか。そもそもそれは選択の余地があるものなのか。参加が強制なのだとしたら、誰がどこで私を支配しているのか――これに関して私には言いたいことがある。だが果たして誰に向かって言えばいいのだろうか。

――セーレン・キェルケゴール『反復』

CONTENTS

＊　本文中に＊で表す数字は、巻末に原注があることを示す

はじめに

「人生は無意味だ」と感じたことはあるだろうか。あるとしたら、どういうときにそう感じたのか。代わり映えのしない味のコンビニ弁当をレンジで温めて食べながら、この弁当を食べるのも今週3度目だと気づいたときだろうか。それとも、夜中の2時に急ぎの仕事を終わらせてメールの送信ボタンをクリックしたあと、こんな仕事をしたところで世界は少しも良くならないと思ったときだろうか。人生を変えるような悲劇が起き、それをきっかけに、自分が本当は人生になにを求めているのか真面目に考えてこなかったことに気づく人もいる。ある朝、目を覚まし、浴室の鏡で自分の姿を見たとたん、急に自分の存在がバカげたものに思え、このちっぽけな存在にいったいなんの意味があるのか、などと考え始める人もいる。

仮にそういうことがあったとしても心配はいらない——あなたは一人ではないか

らだ。この本では、多数の偉大な思想家たち、哲学者たちの言葉や考えに触れる。どの人も自分の存在の小ささを直視した人たちだ。だがその結果、人生を肯定するにいたった。人生の意味を取り戻すことができたのである。

人間であれば誰もが、重要な存在、価値や意味のある存在になりたいと思っている。心理学者のロイ・バウマイスターも、私たちは「生まれつき意味を求める生き物」だと言っている。[*1]自分の存在に意味が感じられないのは、人間の心にとっては重大な問題だ。そのせいでうつ病になる人もいれば、最悪の場合には自殺してしまう人さえいる。[*2]人間が生きる意欲を持ち、幸福になるためには、意味がとても重要だ。生きるに値する人生を送っていると思えることが大切なのだ。[*3]

いくつかの調査の結果から、自分の人生に目的があると強く感じている人ほど長生きをすることも明らかになっている。[*4]ホロコーストを生き延びた有名な心理学者、ヴィクトール・フランクルは、まさに強制収容所にいるときに、そのことを自分の目で確かめている。耐え難い状況に置かれながらも生きる目的を持ち続けた人だけが生き延びたのだ。フランクルはニーチェの「生きる理由を知っている者は、ほぼどのような人生にも耐えることができる」という言葉を好んで引用していた。[*5]

問題は、特に今の西欧の社会では「人はなぜ生きるのか」という問いに満足に答えるのが難しくなっているということだ。

実は、過去にはそうではなかった。かつてはどの文明にも確かな枠組みがあり、「生きる意味とはなにか」という人生における最大の問いへの答えもあらかじめ用意されていた。「自分の人生をどう生きるべきか」という疑問が浮かんでも、社会がその疑問に答えてくれた。社会の揺らぐことのない習慣、信仰、制度などが人を導いた。

だが今は、かつて意味を与えてくれていた基盤が揺らいでいる。近代科学は、私たちの物理的な生活環境を大きく改善したが、同時に古い世界の価値体系を壊した。しかも、それに代わる価値や意味を与えてくれたわけでもない。スコットランドの哲学者で、道徳の歴史を研究しているアラスデア・マッキンタイアも言っているとおり、現代の西欧社会は相変わらず昔のままの価値観の上に成り立っているが、その価値観がもはや意味をなさなくなってしまった。[*6] 古い価値観はそのまま受け継いでいるにもかかわらず、その価値観のもとになる大きな世界観は失われた。今、西欧の世界観は世俗化し、個人主義的になり、その影響は世界中に広まっている。[*7]

現代の世界観では、自分の人生の意味は自分で自由に見つけていいことになっている。自分が選んだ価値観に基づいて、自分だけの生きる道を見つけていい。ただ残念ながら、自由を得たのはいいが、同時に虚《むな》しさを感じる人も増えた。ほとんどの人が、昔の人よりもよく働いているし、賢明で効率的な働き方をしているのは間違いない。しかし、なぜ、それほど必死に働くのか、その理由は見失ってしまっている。

現代には、ティム・クレイダーが「忙しさの罠《わな》」と呼ぶ罠に進んでかかる人が多い。クレイダーはそのことについてこう言っている。「忙しさは、私たちに実存的な安心感を与えてくれる。忙しくしていれば、虚しさを感じにくいからだ。忙しさが続く限り、つねに予定が詰まっていて、一日中、なにかしらすることがある限り、人生はバカげたものにも、取るに足りないものにも、無意味なものにもなりようがない」[*8]

忙しい状態、すぐになにかをしなくてはいけない状態を保つためなら、どんなことでもする。その状態が続けば、退屈は避けられるし、孤独に自分の思考と向き合う必要もない。自分が本当にしたいことはなんなのか、などと考えたくはないので、なにかの権威が生きる目的を与えてくれれば、喜んでその目的に向かって生きる、という人もいる。哲学者のイド・ランドウは「今夜どのレストランに行くか、どの映画を見るか、ということを真剣に考える人は多いのに、自分の人生をより意味あるものにするためになにをすべきかを真剣に考える人は少ない」と言う。それが現代人のおかしなところだ。*9

自分の選択に従って人生を生きるには、自分で船を操縦するには、そもそも自分がどの方向に行きたいのかを知っている必要がある。また、人生の岐路に立ったとき、選ぶべき道を知るには、自分の中に核となる価値観が必要だ。まずは、これまでの人生についてじっくり考えてみよう。自分の人生に意味などないのでは、という疑問が心の中にずっとあるという人もいるはずだ。そういう疑問が少しでもあれば、目を背けることなく直視しよう。

レフ・トルストイ、トマス・カーライル、シモーヌ・ド・ボーヴォワール、セーレン・キルケゴール、アラン・ワッツなど、歴史上の偉大な思想家たちの中にも、人生の不条理に直面し、自分の存在の小ささを受け入れたことではじめて自らを解放でき、人生に確かな意味を見つけることができた、という人たちが大勢いる。この本では、人生についての新しい考え方を提案したい。文化、宗教などの違いを超えて、あらゆる人に有効な考え方である。最後まで読めばきっと、より充足した、意味深い人生を送る方法がわかるだろう。

私は、あなたがより意味深い人生を送る手助けをしたいと思っている。哲学、心理学、そして人生の意味の歴史について10年間、研究した結果、わかったのは、人生を意味深いものにすることは意外に簡単だということだ。誰の人生にも、意味深いものやことはたくさんある。あなたはただ、目を開いて、心を開いて、それを見て、感じればいいだけだ。人生の意味を見つけることを、決して解けない難題のように思いやすいのは、多くの人の世界観が古いままだからだ。そのせいで、時代が変わり、もはや意味をなさなくなった問いについていつまでも考えてしまう。必要なのは考え方を変えることだ。そうすれば、日常生活の中に答えを見つけられるようになる。

この本では、まず、そもそもなぜ人間は人生の意味を探すのか、ということを考える。そして、なぜ現代人は人生の意味を見失って不安を抱えるようになったのか、どうすればもっと簡単に人生の意味を見つけられるのか、ということを考えていく。

読んでいて、すぐには受け入れ難いこともあれば、今さらなぜこんな当たり前のことを書くのだろう、それならすでに知っている、と思うこともあるかもしれない。いずれにしても、読み終えたあとには、読む前よりも人生を肯定できるようになり、より満足のできる、意味深い人生を送れるようになるだろう。

人は自分で望んで生まれてくるわけではない。誰かの許しを得て生まれてくる人もいない。誰もが、人生のマニュアルなど持たないまま、気づいたらこの世界にいて、限られた時間の中でなにか意味のあることをするよう求められる。[*10] あなたは手遅れになる前に、そのことに気づくべきだろう。映画『ファイト・クラブ』の中で、エドワード・ノートンが演じる〝僕〟もこう言っている。「これが人生だ。そして、この人生は刻一刻と終わりに近づいている」

第1部

人間はなぜ人生に意味を求めるのか

第1章

Rise Above
Life's Absurdity

人生の不条理

当たり前だと思っていた前提が突然崩れることはあり得る。私たちは毎朝、目を覚まし、路面電車に乗って事務所や工場に行ってそこで4時間ほどを過ごし、食事をし、眠る。月曜日、火曜日、水曜日、木曜日、金曜日、土曜日と毎日同じリズムで生活をする――同じことを繰り返すのに苦労することはまずない。しかし、ある日、頭に〝なぜ〟という言葉が浮かぶと、退屈だったすべてのことを驚きの目で見つめることになる。

――アルベール・カミュ『シーシュポスの神話』［1942年］

人生は不条理なものだが、私たちは普段それを特に気にしていない。アルベール・カミュの随筆『シーシュポスの神話』ほど、そのことを雄弁に書いた文章はないだろう。[*11] 実存主義文学の古典とも言えるこの文章の主人公は、古代ギリシャの神話に登場するシーシュポスという人物である。シーシュポスは神に逆らい、神の怒りを買ったために罰を与えられた。大きな岩を山の頂まで押して運ぶという労働を永遠に続けなくてはいけないという罰だ。山頂まで運び終えたとたん、その岩は転がり落ちてしまう。シーシュポスは転がり落ちた岩を再び山頂まで運び上げなくてはならない。それを永遠に続けるのだ。カミュは、このシーシュポスこそが不条理の英雄だと考えた。たとえば、映画『恋はデジャ・ブ』の主人公、フィル・コナーズは、シーシュポスと同じような境遇に陥った人物と言えるだろう。テレビで人気の気象予報士、フィル・コナーズは、2月2日の〝グラウンドホッグデー〟という天気占いの行事を取材するため、ペンシルベニア州パンクスタウニーという町に行く。ところがその後、何度、朝を迎えてもなぜか2月2日に戻ってしまい、時間が先に進まない。コナーズがなにをしても、その繰り返しは止まらない。コナーズは思い余ってついには自殺までするのだが、それでも同じ日の繰り返しから抜け出すことはできない。朝、コナーズが目を覚ますと、ラジオからは必ず同じ曲が流れる。そうして彼は、同じ町で何度も同じ日を生きる。彼が1日の間になにをしても、朝、目覚めるとまた同じ日に戻っているのですべてがなかったことになる。すべてが無意味なのだ。ヴァージン諸島に行ったことも、一人の女性と知り合ったことも、ロブスターを食べ、ピニャ・コラーダを飲んだことも、なにもかもが無意味だ。日暮れ時には、知り合ったばかりの女性と愛し合い、とても素晴らしい1日を過ごしたと思っていても、朝、目覚めるとまた同じ日に戻りなにもかもが幻になる。なぜ、何度も同じ日を繰り返さなくてはいけないか、とコナーズは思う。しかし、読者の中にも彼と同じような疑問を抱きながら生活している人は実は大勢いるのではないだろうか。時には楽しく過ごせた日があったとしても、結局はほとんど毎日が同じことの繰り返しで退屈をしていて、そこから抜け出そうとしても抜け出せない、そういう人は少なくないはずだ。

あなたの人生を作るのは、当然、あなた自身だ。そして誰もが自分の人生にかなりの投資をしているだろう。だが、時折、この広大な宇宙にとっては自分の存在など、自分の人生など、ちっぽけなものだと気づかされることもある。自分はただ、偶然にこの世界に生まれただけで、生きていることに特別な意味などなにもないと気づくのだ。人生は価値あるものだと思いながらも、同時に自分の人生など無価値でバカげたものではないかと感じている。誰しもそういう大きな矛盾を抱えながら生きているのではないだろうか。哲学者のトッド・メイは「私たちは人生に意味を必要としているが、宇宙はなかなかそれを与えたがらないため、対立が生じている」と言う[*12]。自分のしていることの意味がわからず、また人生がなぜ生きるに値するのかがわからず、多くの人が困惑している。特に、社会や家族など、他者から与えられる枠組みを失ったとき——価値あるものとはなにかを教えてくれる枠組みを失ったとき、人は大いに戸惑うことになる。

欧米諸国ではこの問題が近年、次第に大きくなってきている。

社会学者のロバート・ベラーは、アメリカ社会を分析した名著『心の習慣——アメリカ個人主義のゆくえ』の中で、現代のアメリカではあまりに誰もが自己本位になってしまっており、その心の風景は実に平板で単調なものであると指摘した。なにを人生の目的とするか、どういう人生を良しとするかは現代のアメリカ社会においては、完全に「個人が自分だけで選択すること」だ[*13]。人々はもはや文化の強固な枠組みを失い、自分を導いてくれるものはなにもないと感じている。どう生きればいいかは誰も教えてくれず、自分でそれを考えなくてはならないと皆が思っている。まさに「神が存在しないのだとしたら、すべてが許されることになる」というジャン＝ポール・サルトルの言葉どおりになっているのだ。[*14]

2007年、アメリカのギャラップ社は132カ国の14万人以上の人を対象にした世界世論調査を実施した。幸福度や生活の満足度などについて国際的な調査をすると、豊かな国――つまり1人あたりのGDPが多い国――の人たちほど、貧しい国の人たちに比べて幸福度も生活の満足度も高いという結果が得られるのが常である。その結果は同じような調査を何度しても同じだ。[*15]ところが、「あなたは自分の人生に重要な目的や意味があると感じていますか」という質問への答えに関しては、これとは逆の傾向が見られた。世界中の人の91パーセントがこの質問には「ある」と答えたが、イギリス、デンマーク、フランス、日本といった豊かな国では、「ない」と答える人が比較的多かった。一方、ラオス、セネガル、シエラレオネといった貧しい国では、ほぼすべての人が、人生には目的や意味があると答えたのだ。[*16]そして、人生に目的がないとみなす人の多い豊かな国では、自殺率も高い。

人生に意味や目的はあるかと考えることを不快に感じる人も多いだろう。それを考え始めると、突然、なんの疑問もなく受け入れていた日常が受け入れ難いものに変わってしまう。朝、目覚まし時計が鳴っても、昨日と同じような1日を始めることに耐えられなくなるのだ。昨日と同じように起き、支度をして出勤して忙しく働く、なぜそんなことをしなくてはならないのかと思ってしまう。どれだけ懸命に努力をしても、シーシュポスが山の上に岩を運び上げているのと同じで無駄になってしまうのではないか。それでもまた同じような明日はやってくる。

だが実は、世界観の作り方によっては、そのような思いに逆らって人生に意味や目的を見出《みいだ》すことは不可能ではない。現代の科学は、宇宙の中で人間の存在がいかに小さいかを教えてくれる。しかし、自分の小ささを知った上でなお、自分の存在、自分の人生に価値と意味を感じ、幸福に生きることは可能なのだ。ただ、そういう話をする前にまず、人生に意味があるという私たちの観念はそもそものようにして破壊されたのか、という話をしよう。人生など無意味だという考えがどのようにして生まれてきたのかをまず知ってもらいたい。それを知れば、新たに人生の意味を見出すための一歩を踏み出すことができる。

第2章

You're Cosmically Insignificant, Impermanent, and Arbitrary—and That's Okay

宇宙的には取るに足りない偶然の産物

この世紀には、とてつもなく大きいものや、とてつもなく小さいものについて次から次へと驚くべき発見がなされ、地質時代がとてつもなく長かったことも明らかにされた。宇宙は巨大であり、原子内部のふるまいは不確定であることも知った。この宇宙の本質を数学の式にまとめてしまえることもわかった。こうしたことすべては、私たちが自分で思っているよりも大きく私たちを蝕《むしば》んでいる。

——ジョン・アップダイク
『進化を批判するエッセイ（*Critical Essay on Evolution*）』
［1985年］

すでに書いたとおり、広大な宇宙について調べて、そこに人間が存在する意味を見つけることは難しい。

人間が存在する意味がわからなければ、自分の人生の意味もわからないというのはごく当然のことだろう。なにをしても無意味だ、バカげていると考えてしまっても無理はない。人生は無意味だと思い至るまでには、だいたい3つの段階を経るのではないかと思う。まず（1）自分の存在がちっぽけだと知る。そして、（2）自分の存在が永遠でないことを知る。そして最後に（3）どのような価値も目的も人間が気まぐれに考えたもので、普遍的なものなどひとつもないと悟る。[*17] ここで、3つの段階それぞれについてさらに深く考えてみることにしよう。自分が落ちた穴がどういうものかを正しく知れば、そこから出る方法もわかるはずだ。

自分の存在がちっぽけだと知る

宇宙の歴史――実際には140億年ほどの長さだ――が24時間だとすれば、人類という種の進化が始まったのは午後11時59分45秒頃のことである。あなたの人生は

1秒にも満たない短い時間ということになる。それだけ長い歴史を持つ宇宙から見て、一瞬で消えてしまう自分の存在に価値があるとはとても思えない。惑星は大きく、太陽と惑星が集まった太陽系はさらに大きい。そして無数の星々が集まった銀河はさらにとてつもなく巨大である。自分がそこでなにをしようと宇宙全体にはなんの影響もないと考えるのは自然だろう。アメリカの天体物理学者、ニール・ドグラース・タイソンは、「宇宙には、自分のことを人間に理解させる義務はない」と言っている。[*18]それはそうだろう。もし、そうでないとしたら逆におかしな話である。

小さな点が見える。あれが、私たちのいる場所だ。私たちの故郷だ。あれが私たちだ。あの点の上で私たちは愛し合う。私たちの知るすべての人たち、名前を聞いたことのある人たちがそこにいる。そして過去に存在したすべての人たちもそこにいて、そこで生涯を全うした……太陽光線に照らされて漂っている埃《ほこり》のように見えるその場所で。

——カール・セーガン（1990年、ボイジャー1号が太陽系を離れる前に最後に撮影した地球の写真を見ての言葉）

だが、かつてはそうではなかった。私たちの祖先は、地球をすべての中心だと信じていた。人間にとって神が最も大切であるのと同じように、神にとっても人間は最も関心を寄せるべき存在だった。どの土地の創世神話でも、人間は宇宙の歴史の中で最も重要な役割を果たす存在として描かれている。ところが21世紀に生きる私たちはまったく違う認識を持っている。天体物理学、宇宙論などの研究成果をよく知っているからだ。知りすぎたことが私たちにとって呪いになっている。私たちは今、科学が突き止めた厳しい現実を知っている。宇宙がどれほど大きいか、その歴史がどれほど長いか、それに比べて私たちの存在はどれほど小さく、生きる時間はどれほど短いかをよくわかっているのだ。

人間の存在の大きさに対する認識は過去とは完全に変わってしまった。哲学者のトマス・ネーゲルは「私たちは果てしなく広がる巨大な宇宙の中では、ごく小さな塵《ちり》のようなものだ」と言ったが[*19]、そういう結論に達するのは必然だったと言えるだろう。

自分の存在が永遠でないことを知る

永遠だと考えていた何かをなくした者は、ついには何者も自分のものではないのだと悟ることになる。

――パウロ・コエーリョ『11分間』［2003年］

私たちは皆、束《つか》の間《ま》の存在である。私たちの身体は年老い、病を得て、いずれは滅びてしまう。ばらばらに分解されてしまうのだ。ただし、死は私たちの肉体だけに訪れるものではない。私たちの肉体だけでなく、感情、知性もやはり一時的な存在である。すべては刻一刻と変わり、一時も同じままで留《とど》まってはいない。仏教徒は特に、この永続性をよく知っているだろう。仏教ではそれを「無常」と呼ぶ。あらゆる生命は一過性のものであり、絶えず変動していて、最後には消滅するという認識を持っているのだ。だが、仏教徒でなくても、現代人であればおそらく同じような考えを持っているだろう。そして、なにもかもがいずれ消えてしまうのだとしたら、自分がなにをしようがどのように生きようがそこに価値はないという虚無的な考えに陥ってしまいがちになる。

価値は気まぐれ

公正であれ。そうあれない場合は勝手にやれ。

——ウィリアム・バロウズ『裸のランチ』［1959年］
［鮎川信夫訳、河出書房新社、2003年］

生命がそもそも偶然に生じたのだ、と認識すると、いずれ、どのような意図、目的にも、どのような価値観にも、結局は確かな根拠などないのだという考えにいたることになる。[*20] もちろん中には、ある原理や価値観を非常に真剣に受け止め、それによって人生における選択、行動が左右される人もいる。だが、果たしてその原理、価値観は、絶対的に正しいものと言えるのか。それとも単に自分が根拠なく気まぐれに正しいと信じているだけなのか、と問われたとしたらどうだろう。人間はどうしても、自分の価値観がこの宇宙の中でつねに正しいものだと信じたがる。だが、宇宙というものをよく知るにつれ、宇宙自体は私たち人間になんの価値も認めていないし、私たち人間にどのような意見も持ってはいないと悟ることになる。アインシュタインの相対性理論は、物事に意味や価値があるべきだとはいっさい言っていない。物理的な宇宙は、私たちの存在にも、私たちの考えにもまったく無関心なのだ。

生命とは、言ってみれば自己複製の可能な物質の集まりだ。それは宇宙の歴史のどこかの時点で、まったくの偶然に生じた。そこには客観的な価値はなにもない。価値は本来、人間が自分で作り出したものだ。人間に価値観があるのと同じように、動物にもおそらくなにか好き嫌いのようなものはあるだろう。ただ、人間が他の動物と違っているのは、自らの価値観について考えをめぐらせ、それを言葉で表現できるということだ。私たちは紙に書かれた文字、言葉を認識できる。だが、どれも本当はインクの染みにすぎない。文字や言葉は、本当に人間の頭の中にしか存在しないのだ。人間が解釈しない限り、それにはなんの意味もない。価値や価値観にも同じことが言える。客観的な価値を持つものはなにもない。ただ人間がそれに価値を見出すだけのことだ。

現代では、人生の目的も価値観もそれぞれの人が自由に選択すべきものだと考えられている。ただ、どの目標も価値観も、単に自分が個人的に選んだだけで、究極的には他と比べても絶対的に良いわけではないのだと考えると不安でもある。自分のものが永遠に、絶対的に正しいのだと思えなければ、自分の行動に価値があると思えない人もいるだろう。しかし、現代の社会からは、そのような目標や価値観は失われてしまっている。

後戻りはできない

自分はこの宇宙に漂う青く小さな点の上に偶然に生じた有限の存在で、本質的になんら価値を持たない。そんな人生観を抱いて生きるのは憂鬱かもしれない。もちろん、「なにもかもが虚しい」とつねに考えながら日々を過ごす人は少ないだろうが、なにを見るときも、なにをするときもこの人生観に少しは影響されることになる。レフ・トルストイも、『懺悔《ざんげ》』の中で「いったん知ってしまったことを知らないことにはできない」と書いている。[*21] 人間の人生はこの広い宇宙の中では本質的になんの価値もないのだ、という考えに一度、目覚めてしまったら、もう二度とそれを完全に忘れることはできない。後戻りはできないということだ。だとすれば、もう前に進むしかない。幸い、このような認識を持ちながら、それでも楽しく努力、創造をし、喜びに満ちた人生を送る方法はある。意味のある人生を自分の手で作り出す方法は確かに存在しているのである。この本を読めばきっとそれがわかるはずだ。

この問題に正面から向き合う人は少ない。ほとんどの人は、向き合うのを避ける道を選んでいる。また、問題から目をそらす逃避の手段も現代では高度に洗練されてきている。企業もその種の手段を積極的に提供してくれる。人生の不条理に向き合いたくないと思い、自分は絶対に向き合わないと決意すれば、そのようにして楽しく生きることは十分に可能だ。たとえば、SNSを活用するのもひとつの方法だし、簡単に手に入る娯楽も無数に提供されている。苦しいときにはセラピーを受けることもできる。広い宇宙の中で人間の存在は本質的に無意味だというような認識はあっても、それで即、つねに明確に自分の人生は無意味だと意識しながら生活する人はむしろ少ない。いちおうは人生の目標を定め、なんらかの価値観を持ちながら、それに漠然とした違和感や、誰かに否定されるのではないかという不安感を抱いて生きている人がほとんどである。特に物事が順調に運んでいるときには、自分の存在に対する疑いを抑制することはたやすい。問題は、物事がうまくいかなくなったときだ。人間関係や健康、仕事に大きな問題が生じたとき、人間はどうしても、なにか確かなものの助けを借りたくなる。自分の苦しみに意味を与えてくれるものはないかとつい思うのだ。しかし、結局は、確かなものなどなにもなく、自分の価値観にも絶対的な正しさはないと、さらに強く認識する結果になる。そういうときには、一時的な逃避など、もはやなんの役にも立たないだろう。

現代の社会で、空虚を埋める手段、虚無からの逃避の手段としておそらく最も広く普及しているのは、「人は幸せになる義務がある」という考え方だろう。だが、幸せを追求しようとすると誰もがある矛盾に直面することになる。それについて次の章で話すことにしよう。

第3章

Happiness is
A Poor Life Goal

「幸福」という悲しき人生の目標

幸せな人というのは、(私が思うに)自分の幸せ以外の何かに心を留めている人だけである。たとえば、他人の幸せや、人類全体の進歩、あるいは何かの芸術、仕事などを単なる手段としてではなく、究極の目的として追求している人は幸福だろう。自分の幸せ以外のことを心に留めていれば、そのことによって幸せを見つけることができる。

——ジョン・スチュアート・ミル『ミル自伝』[1873年]

私たちの先祖には、渇望を癒やしてくれるような「大きな物語」があった。ところが現代の私たちはそういう物語を失っている。そして人間を、単に苦痛を避け、快楽を追求する存在だとみなすようにまでなってしまった。かつては、超越的な価値というものがあり、そのために人生を賭けるに値するような目的が存在すると思えたのだが、それが失われた今、空いた隙間を〝幸福〟が埋めるようになっている。

現代の、特に西欧の社会では、幸福がなによりも優先すべき人生の目的となった。幸福は大きなビジネスを生んでもいる。2000年には、幸福をテーマにした本は50冊ほど出版されただけだったが、わずか8年後、その数は4000冊に近くなった。[*22]現在では、〝幸福担当役員＝CHO（Chief Happiness Officer）〟と呼ばれる役職を置いている企業まで存在する。その名のとおり、社員に幸福をもたらすことを仕事とする役員だ。また、ソフトドリンクや香水などを消費者に〝幸せを届ける商品〟として販売する企業もある。

政府までもが幸福に注目し始めている。世界の156カ国を、国民がどの程度幸福かでランクづけした〝世界幸福度報告〟が最初に発表されたのは2012年である。この報告に注目する人は年々増えている。南アジアの小さな王国であるブータンでは、1970年代以降、GDP（Gross Domestic Product＝国内総生産）ではなく、GNH（Gross National Happiness＝国民総幸福量）を増やすことを政府の目標としてきた。雑誌の記事から、書籍、歌、広告、マーケティング戦略などにいたるすべてが、GNHを増やすという目標達成に寄与するものになっている。現代においては、「今を楽しく生きる」という考えはもはや強迫観念に近いものだと言ってもいいだろう。幸福を追求することは個人の権利というだけでなく、個人の義務であると言う人もいる。

英語のhappiness（幸福）という言葉は、「運」や「偶然」を意味するhapという古い言葉から派生したもので、元来は、「なにか良いことがあった」あるいは「物事がうまくいった」というくらいの意味で、心の中の状態が良好であることを意味する言葉ではなかった。[*23] イタリア語、スウェーデン語をはじめ、ヨーロッパの言語のほとんどで、英語のhappyにあたる言葉は、元来、単に「ついている」というほどの意味だった。たとえば、フィンランド語で、英語のhappinessにあたるのは、onnellisuusで、これもやはり、「ついている」という意味のonnekkuusという言葉から派生している。ドイツ語でhappinessにあたるのはgluckという言葉だが、これは今でも「幸福」と「偶然」どちらの意味にもなる。どうやら、もともと、英語においてhappinessというのは、「偶然の出来事」、人間が自分で操作できないもの、という意味合いが強いようだ。幸福になるかどうかは、神や運命の手に握られているというわけだ。

チョーサーの『カンタベリー物語』の中では、修道僧が運（fortune）について「それゆえに、運（Fortune）の回転にはまったく信用が置けない／まったくの偶然（happiness）のせいで人間は悲しみに突き落とされる」と言っている。[*24] チョーサーが頭文字を大文字にして「Fortune」と書いているのは、これが神の手によるものであることを意味している。人間の行動や心の状態とはまったく無関係の、説明のつかない力がはたらいていることを表そうとしたのだ。ただ、ここで注目しているのは、あくまで外側の状況であって、心の内側の感情ではない。これは当時の文化が今ほど、人間の感情に重きを置いていなかったことの反映だろう。[*25]

17世紀、18世紀と時代を経るに従い、happinessという言葉の意味も徐々に変わり、単に外側の状況が良いというだけでなく、心の内側の状態が良いことも指すようになってきた。[*26] トーマス・ジェファーソンがアメリカ独立宣言の「生命、自由、および幸福の追求（life, liberty, and the pursuit of happiness）」という有名な一節を書いたときは、おそらくまだhappinessという言葉には、「外側の状況の良さ」という意味合いが強かったと考えられる。その後、次第にこの言葉は、内面の状態の良さや、人生の全体としての良さを意味するようになっていく。

言葉の意味合いが変わると同時に、人々の考え方や態度にも大きな変化が起きる。人は個人として幸福になるべきだ、幸福は人生において追求する価値のあるものだ、という考えが芽生え始めたのだ。[*27] アメリカ独立宣言にも書かれているように、幸福はかつては社会の目標だと考えられていた。しかし、特に1960年代以降、西欧の社会では、幸福は個人が自分の責任で追求するものという意識が強くなっていった。そして文化的には、幸福であるのは望ましいこととされ、人生の当然の目的であるともされるようになった。[*28] 私たちが幸福を望むのは、社会が私たちに幸福になれと指示するから、ということである。その人がどの程度、幸福を感じているかで、人の良《よ》し悪《あ》しを評価する倫理観すら生まれている。幸福こそは現代の聖杯であり、私たちが努力して追い求めるべき理想とされるようになったのだ。

ただ困ったことがある。幸福は結局、単なる感情なのだ。[*29] ともかく、自分の置かれている状況や、これまでの経験を良いものだと思うことができ、総じて満足していれば、その人は幸福だと言える。つまり、生きている中で不快な経験よりも快い体験を多くすれば、それで幸福になれるということだ。そうだとすれば、幸福は、人生に永続的な意味を与えてくれるものではないことになる。幸福を追求せよ、と言われても、単に不快なものを避ける行動を続けるだけの人間になる可能性は高い。

世界の中には、個人の幸福にさほど重きを置かない地域、あるいは少なくとも最近までは重きを置いていなかった地域も多い。以前、中国のある心理学者と長時間、議論を交わしたことがあるが、その心理学者の話によれば、彼の親の世代は個人の幸福にまったく価値を見出していなかったらしい。むしろその逆だ。個人として不幸であるのは名誉の証《あかし》とされていた。それは家族のため、または国家のために自らを犠牲にした証拠だというのだ。自分を犠牲にして他者に尽くすことは、その人自身が幸福を感じて生きることよりも価値があるとみなされていた。2004年に行われたある調査では、アメリカ、中国の両国で大学の学部生に「幸福とはなんだと思いますか?」という簡潔な質問をした。学生はその質問に対し小論文を書いて回答をすることになっていたのだが、それを読むと両国の文化の違いがよくわかる[*30]。アメリカの学生たちは、多くが個人の幸福の大切さを強調しており、それを人生の究極の目的だとしていた。中国の学生たちの小論文には、「個人の幸福が重要だ」

「人生の目的だ」という言葉はまず出てこない。幸福の追求が人生の普遍的な目的でないことはこれだけでも明らかである。幸福の重要性は、その土地の文化によって大きく変わるのだ。

幸福を追求すると、それが逆効果になることも珍しくない。幸福になろうとして、かえって不幸になってしまうことすらある。エリック・ワイナーの著書『世界しあわせ紀行』に、シンシアという女性の話が出てくる。シンシアは、引っ越しを考えていた。次に住むところに一生、住みたいと思ったので、どの地域に住めば最も幸福になれるかを事前に細かく検討した。[*31]彼女はまず、文化的に豊かな地域がいいと考えた。また、美味《おい》しい飲食店の多い地域、自然、できれば山が近くにある地域を望んだ。検討の末、シンシアが選んだのはノースカロライナ州のアシュビルだった。小さいが文化的に豊かな街で、山に囲まれていて自然が近くにある。ワイナーは彼女に、「このまま一生、アシュビルに住み続けるのか」と尋ねたが、シンシアは返事に迷った。アシュビルは確かに彼女の掲げた多くの条件を満たしているけれど、ここが本当に最良の土地かどうかはわからないというのだ。彼女はまだ良い場所を探していた。アシュビルに3年住んでも、まだ「ひとまずここに住んではいるけれど、良いところが見つかればすぐに引っ越す」と思っていた。シンシアと同じような問題を抱えている人は少なくないとワイナーは考えた。アメリカ人には彼女のように無限に幸福を追い求めていつまでも落ち着くことがない人が大勢いる。すでに幸福なのにもかかわらず、明日はもっと幸福になるのでは、もっと幸せになれる場所があるのでは、今よりもっと幸福な生き方があるのでは、と考え続けてしまう。つねに目の前に無数の選択肢があるため、どうしても1つに決めることができないのだ。ワイナーは「これは危険なことだと私は思う。私たちはどの場所も、どの人も本当に愛することができない。どこにいても、いつも片足をドアの外に出しているようなものだ」と書いている。[*32]

ワイナーはシンシア以外にも何人もの人に話を聞いたが、どの人も、どこでなにをしていてもつねに最大限の幸福を得なくてはと考えていた。そのため、今、自分の目の前にあるもの、自分の持っているものが最良だとは思えなくなっていた。今のありのままの人生を楽しむことができなくなっていたのだ。人が自分の幸福を追求することの弊害はこれだけではない。もっと幸福にならなくてはと思うあまりに、人生を楽しめなくなるのも確かに問題だが、それ以外にも、[*33]すべての人が自分個人の幸せだけを考えるようになると、人間関係に悪影響が出ることも多い。実はこの人間関係こそが幸福の真の源泉であることが多いのに、それが損なわれてしまうということだ。[*34]誰しも生きていれば、どうしても辛《つら》いこと、苦しいことに直面するし、どうしてもそれに耐えなくてはいけないこともある。だが、人は誰もが幸福になる必要がある、という考え方が社会の中で優勢になると、不幸なとき、それに耐えて生きることが難しくなってしまう。[*35]人間はつねに幸福でいなくてはいけないのに、不幸になった自分は失敗した人間、ダメな人間だという意識を持つことになる。不幸はそれだけで重荷なだけでなく、二重の意味で重荷になるということだ。

幸福を人生の究極の目的にしないとしたら、私たちはどうすればいいのだろうか。私たちにとって大切なものは、幸福以外にもたくさんある——たとえば、愛、友情、なにかを成し遂げること、自己実現など——どれも私たちを良い気分にしてくれるわけではないが、人生を豊かにしてくれる。どれもそれ自体に価値がある。[*36]たとえば、私たちが友情を素晴らしいと思うのは、友情によって良い気分の量が増えるからではないだろう。友情の価値は、特に困難な状況になったときに明確になる。重い病気にかかるなどの危機に直面して、助けが必要なときには、友情の大切さがよくわかるのだ。共に過ごして楽しいということだけが価値ではないだろう。良いときも悪いときも、お互いに人生を豊かにすることができるからこそ、友情は大切だ。人間は複雑なものである。単に良い気分になるだけでは十分ではない。それ以外にも必要なものはたくさんある。[*37]確かに幸福な気分になれるのは良いことだが、それを人生の究極の目的にしてしまうと、真に価値のあるものが多く失われ、人生の豊かさが損なわれる結果になるだろう。

とはいえ、現代の私たちの社会で、幸福を目的にせずに生きるのは容易ではない。「人間は幸福になるべきだ」というメッセージが社会にあふれているからだ。たとえば、テレビをつけてみると——特にコマーシャルを見ると——ともかくあらゆる企業が、微笑《ほほえ》みをたたえた健康そうで美しい人を使い、「この商品を買えば幸福になれますよ」と訴えてくる。しかし、どの人もニセ予言者のようなものだ。その言葉に決して騙《だま》されてはいけない。もっと幸せになりたいと思うあまりに、人生において大切なものを犠牲にしてはならない。幸福とは単なる感情であり、それ以上のものではない。なにか真に価値のあるものを手に入れたときには、その副産物として幸福感も得られることはあるが、その場合、重要なのは幸福感ではない。つまり、人生を真に価値あるもの、意味あるものにしたいのならば、単に幸福を追求して生きるのは良い方法とは言えないということだ。

幸福とヘヴィ・メタル：その複雑な関係

フィンランドはおそらく、人口1人あたりのヘヴィ・メタル・バンドの数が最も多い国であり、また同時に政治の面では、世界の中でも特に優れた国のひとつと言えます。この2つの間になにか相関関係があるのかどうかはわかりませんが。

——バラク・オバマ大統領（2016年、北欧諸国首脳との会合でのスピーチ）

フィンランドは、2018年、2019年の世界幸福度報告で共に1位にランキングされた。[*38] 国民の生活への満足度のランキングを作ると、フィンランドをはじめ、スウェーデン、ノルウェー、デンマーク、アイスランドといった北欧の国々が必ずトップ10に入る。特に社会の安定度、安全性、自由という面で、北欧諸国は際立っている。長い冬の気温は氷点下で、しかも、一日中暗闇に包まれてしまう街さえある。そんな中、フィンランド人たちはどうして幸せでいられるのだろうか。それには実はヘヴィ・メタル音楽が重要な役割を果たしているのかもしれない。

ヘヴィ・メタルは総じて言えば評判の良い音楽ではない。しかし、フィンランドでは事情が違う。ポップ・ミュージックは元来、明るく楽しい音楽だが、ヘヴィ・メタルは暗く重苦しい。冬が暗く寒いことで知られるフィンランドには、人口1人あたりにすると、地球上のどの国よりも数多くのヘヴィ・メタル・バンドが存在している――10万人あたり63のバンドがある計算になる。[*39] フィンランドでは、ヘヴィ・メタルが音楽の王である。主要なラジオ局でかかる音楽もヘヴィ・メタルが多いし、カラオケ・バーでも多く歌われている。フィンランドで史上おそらく最も人気があったバンドは、チルドレン・オブ・ボドムだろう。チルドレン・オブ・ボドムは王の中の王と言える存在で、ヘルシンキからリオ・デ・ジャネイロまで、どこでコンサートを開催しても満員になる。暗く重苦しいヘヴィ・メタル音楽が国に幸福をもたらしているというのはなにか矛盾するようだが、それはフィンランドという国の抱える矛盾を反映しているようにも思える。

2019年の世界幸福度報告の調査では、156カ国の人たちに、自分の現在の生活を10点満点で評価してもらっている。0が最悪で最高は10だ。[*40] フィンランド人はこの評価の平均スコアが世界で最高だった。この結果はまったく驚きではない。フィンランドの社会には他の国に比べて、生活の満足度を高める上で大切な要素が揃《そろ》っているからだ。まず、日々の食べ物を得るのに苦労することはまったくない。社会サービスは充実している。政治的な抑圧はない。そして、政府への信頼度も高い。[*41]

ただし、幸福というのは、生活に満足すれば得られるものではない。幸福というのはあくまで感情だからだ。生活への満足度ではなく、国民の持つ感情で幸福度を計ると、ランキングの様相は一変する。そのランキングでは、パラグアイ、グアテマラ、コスタリカという国々が上位に入る。[*42] フィンランドはトップから遠い位置にまで下がってしまう。ただ、この結果もさほど驚きではない。なにしろフィンランド人というのは、つつましく控えめで、感情をあまり表に出さないことで有名だからだ。内気なフィンランド人は人の靴を見て話をするが、陽気なフィンランド人もやはり人の靴を見て話をする、という古いジョークがあるほどだ。

また各国のうつ病の罹患率《りかん》を調べると事態はさらに複雑になる。たとえば、人口1人あたりの単極性うつ病の罹患者数を比べると、アメリカとフィンランドが共にトップ近くにランキングされることがある。[*43]もちろん、どの調査も完全ではないので、直ちに正しい判断ができるわけではない。時には、フィンランドのうつ病罹患率がヨーロッパの平均程度と評価される場合もある。[*44]だが、うつ病対策という点では、フィンランドが世界の中で特に優秀と言えないことだけは明らかだろう。矛盾するようだが、生活への満足度が非常に高いまさにその国で、多くの人がうつ病になっているのである。

問題は幸福という言葉に明確な定義がないことだ。人間の感情とは複雑なものだ。生活に満足できたからといって、必ず感情が良くなるわけではないし、悪い感情がそれで消えるわけではない。うつ病にならないわけでもない。心の中が良い感情で満たされること（そして、それを表に表すこと）を幸福と呼ぶのだとしたら、おそらくフィンランドは幸福な国とは呼べないだろう。うつ病がないことを幸福というのなら、フィンランドは世界で最も幸福な国ではない。しかし、生活のための条件が総じて整っていることを幸福と呼ぶのだとしたら、フィンランドをはじめとする北欧諸国は確実に世界で最も幸福な国々ということになる。

そして、フィンランドの人たちの幸福にヘヴィ・メタル音楽が重要な役割を果たしていることは見過ごせない。普段控えめでつつましく、それに誇りを持っているフィンランドの人たちにとって、ヘヴィ・メタルは精神を解放し、浄化する作用を果たしているように見える。大声で叫ぶことで、抑えつけられていた負の感情を外に出すことができる。カタルシスが得られるということだ。それは本人が自覚する以上に、重要な意味を持っている可能性がある。さまざまな感情を経験するのは、精神的な満足のためには良いことだが、負の感情――ヘヴィ・メタルにはそれを表現した曲が多い――を抑えつけるのはまったく良いことではない。また、負の感情がないのは良いことだが、実際にはあるものをないことにしてしまうと、結局は幸福が損なわれてしまう。[*45] 負の感情を表に出すことを許容せず、それを抑圧するような文化は健全とは言えないし、人々の感情に必ず悪影響をおよぼす。あらゆる感情をいつもなんらかの方法で表に出せることが重要だ。ヘヴィ・メタル音楽は感情を表に出すための良い手段になっていると言える。雪に覆われた森の中で叫んでも誰も聴いていないのでは、と思う人がいるかもしれない。しかし、聴いている人がいるかいないかはこの場合どうでもいいことだ。それによって自分自身と自分の抱える感情を知ることができれば、楽しくもないのに無理に笑うよりも心にとってははるかに良い作用をもたらすだろう。

お金の問題ではない

経済的に成功すれば幸福になれると思い込む人も多いが、それは間違いだ。皆がそういう考えを持つのは、企業や広告代理店にとってはありがたいことかもしれない。自分たちの商品を買えば幸せになれると言って、納得してもらえる可能性が高くなるからだ。これまでの研究でわかったのは、収入が増えることによって幸福度が即、上がるのは、もともとの収入が極めて低い人たちだけだということである。家賃も払えず、食べ物も買えず、最低限の生活すら成り立たない、という人たちの幸福度は、そうでない人たちに比べて確かに著しく低い。そういう人たちは、少しの収入を得るだけで幸福度が大きく向上するだろう。だが、生活にいちおう不安がない人の場合は、収入が増えてもその分だけ幸福度が上がるわけではない。[*46] 収入がある水準を上回ると、それ以上の収入増加は幸福度をほとんど、あるいはまったく向上させないことがいくつかの調査で明らかになっている。また、最近の研究では、ある水準以上になると、収入の増加によって幸福度や生活への満足度がかえって低下することもある、という結果も得られている。[*47]

北米では、収入が9万5000ドルに達すると生活への満足度が、6万ドルに達すると幸福度が頭打ちになるようだ。西ヨーロッパ諸国では、10万ドル、5万ドルがそれぞれ境界線になるらしい。そして東ヨーロッパ諸国だとその水準は下がり、4万5000ドル、3万5000ドルがそれぞれ境界線になる。先進国では経済の成長とともに、国民の収入は大きく向上してきたが、それが必ずしも幸福度の向上にはつながっていない。アメリカの社会心理学者、ジョナサン・ハイトはこの点について「先進国の多くでは過去50年間に富は2倍、3倍になったが、幸福度や生活への満足度はさほど変わっておらず、しかもうつ病が以前よりも多く見られるようになっている」と書いている。[*48] 富が増えれば、最初のうちは確かに嬉《うれ》しいと感じるものの、しばらくするとそれが当たり前の水準になってしまい、幸福感は消える。以前にはなかった新しい商品を手に入れて最初は快適さに喜ぶが、時間が経《た》つと持っているのが当然になり、なにも感じなくなる。次の新しい商品が発売されるまではその状態が続く。誰もがもっと豊かに、もっと快適にと思い、上を求めてきりがなくなる。

表向き物質主義や大量消費主義を否定している人は、物を手に入れることは人生の目的にはなり得ないと言いがちだ。誰かに尋ねられれば、自分はもっと大きな目的のために生き、行動していると答える人も多いはずだ。ところが人々の実際の行動を見ていると、本音は違うように思える。なかなか認めたがらないだろうが、実は大半の人がいわゆる〝ヘドニック・トレッドミル〟に乗っている。つまり、つねに今よりもう少しお金が、物が手に入れば、それで幸せになれると思っていて、いつまでも本当に満足することはない、という状態に陥っているのだ。チャック・パラニュークは小説『ファイト・クラブ』にこんなふうに書いている。「若者の中には男女問わず強者がいて、皆、何者かになりたいと思っている。広告は、こういう若者たちに、必要のない車や服を買うように仕向ける。いつの時代でも、彼ら、彼女らは自分が本当に欲しいわけでもないものを買うために、好きでもない仕事に懸命に取り組んでいるのだ[*49]」

今や20億ドルもの規模になった広告産業はただ1つの目的のために動いている。[*50] それは、人々に「今の生活は間違っている」と感じさせることだ。今のままでは十分に幸せではないと感じさせるのだ。大量消費主義は、人々が今の自分の生活に満足し、「もうなにもいらない。もう欲しいものは全部持っているから」と言い始めたときに終わってしまう。それは、キリスト教から仏教まで多くの宗教が理想としている状態である。どの宗教も人々をその状態へと導こうとしている。しかし、宗教が以前のような力を失った現代では、人々がその状態に達するのを阻止するためのメッセージを発するのに何十億ドルものお金が使われている。

現代はかつてないほど選択の幅の広い時代である。なにを買うにしても、競合する似たような商品が数多く売られている。そのせいで私たちは容易に罠にかかって抜け出せなくなってしまう。選択の自由があるのは良いこととされるが、あまりにも選択の幅が広いとかえって害になることもある。そのせいで一種の中毒状態になってしまうのだ。皮肉なことに現代では、選択肢が多すぎるために、誰も自分の選択に絶対の自信を持つことができない。選択をしなくて済むのならそうしたいと思う人も実は多いはずだ。心理学者のバリー・シュワルツはこの現象を「選択のパラドックス」と呼んでいる。私たちは選択の幅が広いことを良しとし、選択の幅が広がることを望む。しかし、あまりに選択肢が増えると結局、幸福感は減ることになる。[*51] 昔の人は今の私たちほど、こうしたジレンマに悩まされることはなかった。飢えることはあっても、美味しそうな食べ物が多すぎてどれを食べていいか悩むということはまずなかった。

日々、選択肢があまりに多すぎるという問題に対処するには、〝満足化〟という方法を採るといいだろう。これは、ノーベル賞を受賞した経済学者、ハーバート・サイモンが最初に唱えた方法で、シュワルツもこれに賛同している。満足化とは、ある程度以上、良いと思えるものが1つ見つかったら即、それを選ぶ、という方法である。それ以降はもう検討をせずに先へ進む。[*52] なにかを買うとき、決断を下すときに、細かいところまですべてを検討するわけではない。なにもかもが最良と思えるものが見つかるまで待つということはしないのだ。あまりに細かく検討をしてしまうとストレスもたまるし、かえって不満や後悔が大きくなる。[*53] それでは時間やエネルギーなどの資源を無駄遣いすることになるだろう。

だが、広告の影響力は大きい。絶えず、これを買えば生活はもっと良くなると訴えてくる。それに対抗するためには、自分の心の中に確固たる指針を持っていなくてはならない。自分なりの価値観、人生の目標をしっかり持っていないと、この広告だらけの社会に振り回されずに生きることは難しいだろう。どうすれば自分の人生が意味のあるものになるのか、それを知っていれば大いに助けになる。そうすれば、派手に宣伝される高価な新商品を手に入れなくても、十分に満足のできる人生を歩めるはずだ。

第4章

Your Life is Already Meaningful

あなたの人生にはすでに意味がある

人生を憂えてはいけない。人生は価値あるものだと信じよう。そう信じれば、やがてそれが事実になる。

――ウィリアム・ジェームズ『人生は価値あるものか（*Is Life Worth Living?*）』〔1896年〕

人が生きている状況はそれぞれに違う。だが、たとえどのような状況にいても、その人生はおそらく非常に意味のあるものである。意味などないのではという疑いがなかなか消えない人も、実はすでに意味のある人生を送っている。私は以前、オレゴン州ポートランドのコンベンション・センターの廊下でローラ・キング教授と話をしたことがある。キング教授は、人生の意味についての心理学的研究においては第一人者と言える人だ。私はちょうどその頃まさに、人生の意味をテーマにした本を書いていたところだったが、彼女は私に優しく「人生が無意味だなどと決して人に言ってはいけない」と忠告した。研究の結果はその逆のことを示しているので、人生は無意味だと言えば嘘《うそ》になるというのだ。キングとラトガーズ大学のサマンサ・ハインツェルマン教授は2014年、『アメリカン・サイコロジスト』誌に有名な論文を発表した。アメリカ国内の代表的な研究の結果などを再検討し、それを根拠に、平均的な人々が自分の人生にいかに大きな意味を見出しているかを証明した論文である。[*54] 実際の数字を見れば、人生に意味を見出している人がいかに多いかがわかる。たとえば、50歳以上のアメリカ人を対象にしたある調査では、「あなたの人生には意味があったと思いますか」と尋ね、実に95パーセントの人が「意味があった」と回答した。[*55] また他の調査では、全国から抽出された多数の人々に「私の人生には明確な目的があると感じる」といった文を見せて、それにどの程度賛同できるかを1(まったく賛同しない)から5(完全に賛同する)までの数字で答えさせた。すると、回答の平均スコアは、3・8と極めて高かった。[*56] 同じような傾向はアメリカ以外の国でも見られる。第1章ですでに書いたとおり、132カ国の14万人以上の人を対象にした世界世論調査にも「あなたは自分の人生に重要な目的や意味があると感じていますか」という質問があり、91パーセントの人が「あると感じている」と回答した。しかも、世界の中でも特に貧しいとされる国々で、その割合がさらに高くなる傾向すらあった。[*57] その他、癌《がん》にかかるなど健康にさまざまな問題を抱えている人たちもやはり、多くは人生に意味を見出しているという調査結果もある。[*58] キングとハインツェルマンは論文の中でこう書いている。「使われている判断基準に古い、新しいはあるが、ともかく多数の調査結果を検討してわかるのは、人生には間違いなく大きな意味がある、ということである」[*59]

私たちは広大な宇宙に比べればほんの小さな存在にすぎず、生まれたのも偶然の結果で、影響力もほとんどなく、しかも一瞬の間しか生きることができない。その事実を前にしても、ほとんどの人が自分の人生を意味あるものとして体験している。ほとんどの人が誤った判断をしていると言うべきなのだろうか。実は私たちの存在に意味などない、という憂鬱な真実を皆に知らせたほうがいいのか。哲学者や心理学者の態度は、このパラドックスを前に大きく2つに分かれる。人生に意味を見出している人たちは間違っており、自分の存在に意味などないという現実を直視すべきだとする哲学者は実際にいる。一方、心理学者の中には、多くの人たちの感覚を否定せず、尊重すべきだとする人が多いようだ。その人が人生は意味深いものと感じているのなら、その人生は本当に意味深いのだろうと考えるわけだ。私は、ローラ・キング教授や、その他の心理学者たちの意見にいちおう賛同する。確かにその人が人生に意味はあると信じているのなら、その考えを認めるべきだと私も思う。だが同時に私は、それだけでは十分ではないとも考えている。人生には意味がないと思えるような事実を前にしても、多くの人が人生に意味を見出している。このようなパラドックスがなぜ生じているのか、その理由も探るべきだと私は考える。[*60]

このパラドックスは主に、私たちが人生の意味とはなにかを真に理解していないことから生じているのではないかと思う。より正確に言えば、私たちは2つのまったく異なる「人生の意味」を混同しているのではないだろうか。1つ目の「人生の意味」には、私たちには永遠に答えが見つけられないと思われる。それに正面から向き合うと、私たちは存在の危機に陥りそうになる。だが2つ目のほうになら、私たちは明確な、肯定的な答えを見つけることができる。つまり、それによって存在の危機に陥る恐れはないということだ。その2つの違いについては第7章で詳解するが、ここで私たちが知っておくべきなのは、前者の「人生の意味」は、ほんの200年ほど前に生まれたばかりの西欧的思考の副産物であるということだ。そこから時代は変わったのだが、それでも私たちは、すでに放棄された世界観でのみ有効になる種類の意味を探し求めている。つまり、私たちが今、直面している「意味の危機」は、誤解の産物だということだ。西欧社会の知の歴史を考えれば無理もないと思える誤解だが、誤解であるからにはやはり修正しなくてはならない。

誤解の修正は次の章から始めることにするが、ここではまず、そもそもなぜ、人間は意味を探し求めてしまうのかということを考えてみよう。

人間を苦しめる内省

幸せを追い求めるという点では、人間も他の生物とそう変わりはない。だが、意味を追い求めるということが、おそらくそれだけが、人間を人間にしている。

——ロイ・バウマイスター『幸福な人生と意味のある人生の間の重要な違い（*Some Key Differences Between a Happy Life and a Meaningful Life*）』［2013年］

ヒトという動物を他の近い関係の霊長類と比べた場合、際立った特徴と言えるのは、身体に比しての脳の大きさだろう。今から約200万年前の私たちの祖先が持っていた脳は、400~600立方センチメートルほどの大きさだった。ところが現代人の脳は、通常、1200~1300立方センチメートルほどもある。[*61] このように脳が急激に大きくなったことで、科学者が「認知革命」と呼ぶ現象、あるいは、歴史学者のユヴァル・ノア・ハラリが「知恵の木の突然変異」と呼ぶ現象が起きた。[*62] これが、直立歩行をする裸のサルを、他のサルたちと明確に分けることになったのである。なぜ、ヒトの脳がこれほど急激に大きくなったのか、また、それによってヒトがどのような能力を身につけることになったのかについては、さまざまな意見がある。おそらく、言語、協力、文化、宗教などは、脳が大きくなったことで生まれたのだろう。しかし、ここでは1つの能力にだけ注目することにしよう。それは〝内省〟の能力だ。脳が大きくなると、人間は自分のことについて考えるようになったのだ。

内省とはつまり、自分の人生を見つめる第三者を自分の中に持つことである。この能力があるおかげで私たちは、今、起きたことに即座に反応するのではなく、いったん立ち止まり、状況の外に身を置いて考えてみることができる。過去の自分の行動を振り返り、未来を予測して、その結果を基に現在の行動について決断を下すこともできる。

他の動物は、今、この瞬間にとらわれて抜け出すことができないが、人間は来月の予定を立てることもできるし、自分の人生の今後10年を考えてみることもできる。[*63] 人間にも動物的な本能はあるが、脳の力でそれを乗り越えられる。ただ衝動に従って行動するのではなく、長期的な目標のための行動を取ることができる。何日、何カ月、あるいは何年か経たないと得られない報酬のために、今の欲求を抑えることができるのである。内省によって、計画、集団行動、長期的な目標の設定が可能になる。私たちが複雑な道具を作れるのも、芸術作品を生み出せるのも、建築ができるのも、すべてそのおかげだ。パリのノートルダム大聖堂の建設にはおよそ200年という時間を要した。それを見るだけで、人類に備わった創造性を理解できる。内省の力は、将来の計画を立てることだけでなく、壮大なプロジェクトを実現するのにも役立つわけだ。この力は、私たちを過去と結びつけてもくれる。過去との結びつきは、私たちの人生をより意味深いものにする。哲学者のアンティ・カウピネンは「過去に立脚すると、私たちの人生は現在進行中の物語のような様相を呈することになる」と言っている。[*64] 1つ1つの出来事が互いに独立しているよりも、すべてがつながっているほうが、人生はより意味のあるものに感じられるに違いない。神経心理学の研究でもそれは裏づけられている。

ノースウェスタン大学で48人の参加者を対象に実施された神経画像検査では、脳の内側側頭葉のネットワークが密に接続されている人ほど、自分の人生により意味を感じている傾向が見られた。内側側頭葉は、過去、あるいは未来への〝脳内タイムトラベル〟に関係が深いとされている部位である。[*65] 過去の思い出が蘇《よみがえ》るとき、人は郷愁を感じるが、同時に、過去の出来事があったからこそ今の自分があると認識することになる。それが人生に意味を感じることにつながると考えられる。また、人間はどうやら、未来に意味を見出すことが得意らしい。私たちは今よりも良い未来の世界を想像することができるし、それを実現するための計画を立てることもできる。すべては内省の力の成せる業だ。素晴らしい未来を思い描けるからこそ、今、それに向かって努力をすることもできる。たとえそのために苦労することになっても、その苦しい現在も意味あるものと思える。より良い未来が自分を待ち受けているという希望がある限り、現在の苦痛に耐え抜くことができるのだ。

だが、内省の力を持つことの代償もある。その力があるために、私たちは、他の動物のように、なにも考えず本能に身を任せることができない。過去と未来を認識できるのは良いことでもあるが、同時に、つねに過去と未来のある世界にとらわれ、そこから抜け出せないのは辛いことでもある。私たちは、遠い未来に起きるかもしれないが、起きないかもしれないことを憂い、それに備える。過去について考え、良い思い出を蘇らせて楽しむこともできるが、同時に過去に負った古傷の痛みをいつまでも感じる。私たち人間の困ったところは、他の動物とは違い、なにかをしている途中で我に返り、つい「こんなことをしてなにになるのか」、「自分はなぜこんなことをしているのか」と自分に問いかけてしまうことだ。

内省ができると、自分の行動を正当化する必要が生じる。[*66]「なぜこんなことをしているのか」という問いが頭に浮かべば、それに対する満足のできる答えが必要になる。あれこれと考えた上で、自分の行動が正当なものだと認められなくてはならない。これが人生の意味を求めることにつながる。内省する動物である私たち人間は、自分の行動を意味あるものだと思いたい。その行動には根拠、目的があり、なにか価値あることを達成するために必要なことだと思いたいのだ。[*67]「なぜ」という問いに答えるには、なんらかの枠組み、世界観のようなものがいる。それに照らすことで、どの行動に意味があり、どの行動に意味がないかを見分ける。たとえば、二股に分かれた道が目の前にあるときには、ある程度、確かな世界観を持っていないと、どちらの道を選んでいいか決めることができない。意味付けの枠組みを欠いていると、困ったことになるだろう。

社会心理学者、精神分析学者のエーリッヒ・フロムは早くも第二次世界大戦中に、現代人はかつて人間を縛っていた「前個人主義的封建社会の絆《きずな》からは自由になっている」と言った。[*68]この自由を得たことで、人間はついに自己実現のできる自立した個人へと進化したと喜ぶ人は多かったが、実際には良いことばかりではなかった。確かに窮屈な思いをすることが多かったとはいえ、伝統的な文化の枠組みは、人間にある種の安心感も与えていた。そのおかげで誰もが自分が何者で、どちらに向かって進めばいいかが簡単にわかり、人生の存在意義を感じることも難しくはなかった。つまり、誰もが自分の人生に確かな意味を見出すことができたということだ。

その枠組みがなくなっても、人間はやはりどうにかして自分はいかに生きるかを知らなくてはならないし、人生に意味を見出さなくてはならない。残念ながら、新しい自由な文化には、適切な、安心できるような枠組みは用意されていない。そうなると当然、多くの人が不安の中で生きることになる。孤独を感じながら、自分がどちらに向かって進めばいいかもわからないまま生きることを強いられるのだ。この状況では、せっかく得た自由から逃げたがる人が増える。人生の大きな問いへの答えを与えてくれ、また自分たちの渇望する安定感を与えてくれる権力者が登場すると、喜んでその権力者に従う人が多くなるのだ。

フロムの分析によれば、現代人は「いかなる種類の独裁者にも自らの自由を進んで明け渡しかねないし、自由を捨てて機械の中の小さな歯車のような存在になることを選ぶ可能性がある。衣食は足りているが自由は持たない、自動装置のような存在になりたがる恐れがある」ということになる。[*69] フロムは、これこそが1930年代のヨーロッパでファシズムが台頭した根本原因だと考えた。それがどれほど悲惨な結果を招いたかは、誰もがよく知っているだろう。西欧の今の政治的状況は不気味なほど当時と似ている。内省のための確固たる枠組み、価値体系を新たに作り上げることは急務だろう。その枠組みは多くの人が正しいと思えるものでなくてはならないし、また現代の冷笑主義や、社会の分断にも耐え得るものでなくてはならない。さもなければ、反動的で権威主義的な、他人への不信感を基礎とした枠組みに社会が支配されることにもなりかねない。そのときには、18世紀の民主主義の夜明け以降、私たちが営々と築き上げてきた社会、またその中心を成す自由と平等そして他人への配慮を基本とする原理が損なわれることになるだろう。

もし新たな枠組みを作ることに失敗すれば、私たちは、認知革命の素晴らしい成果をすべて台無しにすることになる。

絶えず人生の意味を深めること

私たちの人生がはじめから意味あるものなのだとしたら、なぜ改めて意味を探さなくてはならないのだろうか。こういう問いが頭に浮かぶのは、〝意味〟というものに対して西欧的な先入観を持っている証拠である。心理学者のマイケル・スティーガーはアメリカ人を対象に、人生の意味に関する意識がどのようになっているかを調査した。すると、アメリカにおいては、すでに自分の人生に意味を感じている人は、人生の意味の追求にあまり関心を持っていないという傾向があることを発見した。[*70] 足りないものを欲しがるのが人間の常ではあるが、人生の意味についても同じことが言えるというわけだ。ところがスティーガーが日本で同じ調査をしたところ、結果はまったく逆になった。人生に意味を感じている人ほど、さらに意味のある人生を送るにはどうしたらいいかをよく考えるという傾向が見られたのだ。そういう人は、なにか人生において選択を迫られたときには、より人生を意味深く感じられるほうの道を選ぶことになると考えられる。

この点では、東洋人のほうが西洋人よりも賢明と言えるのかもしれない。すでに人生に意味を感じていたとしても、さらに人生を意味深くしてくれるものを探し求めることは可能だからだ。これはただ空白を埋めるのとは違う。自分の行動、選択、人間関係などをどうすれば、日々の生活をより意味深くできるかを探るということだ。人間はつねに発展途上の存在であり、それを知ってこそ人間であることを楽しめる。人間にはいつも進歩の余地がある。今よりも自分をよく知り、改善し、充足感を高めることができる。それは実は誰もが心の底ではわかっていることだろう。

それはなにかが足りないと言って嘆くこととは違う。自分がすでに持っているものをよく吟味し、その上にさらに新しいものを築いていくことだ。今の自分を見つめた結果、すでに人生が意味あるものになっているとわかれば、さらにその先を追求していけばいいのである。

第2部

人生の意味とは
――新時代の視点

| 第 5 章 |

Your Existential Crisis Makes You Modern

存在の意味を問うのは現代人である証拠

現代のいわゆる〝無神論〟は、おそらく昔の人たちには理解の難しいものだろう。もちろん、それは、私たちと神の性質やその所業に対する考え方が異なるからでもあるし、無神論がある種の神の存在を否定していることからして、昔の人には受け入れ難いことには違いない。だが、現代の無神論の何よりの特徴は、世界をなんら超越的な存在のない場所だと想定していることである。それが最も昔の人に理解されない部分だと考えられる。

――ギャヴィン・ハイマン『無神論小史（*A Short History of Atheism*）』［2010年］

想像してみてほしい。あなたが空港でｉＰｈｏｎｅの充電をしていたとする。すると一人の男が近づいてきて、こう問いかける。「あなたは電気を信じていますか」あなたも私も、そして空港にいるすべての人もおそらく知っているとおり、現代人の生活は電気を中心に回っている。だからその存在について今さら議論をする理由などどこにもないだろう。その問い自体はバカげた、無意味なものである。だが、男はあなたに身を寄せ、さらにこう尋ねるのだ。「あなたは神を信じていますか」この問いには、最初のものとは違い、重みがある。おそらく、あなたが生まれるよりはるかに前から、この問いについては多くの人が深く考察をし、議論を交わしてきたはずだ。電気を信じるかという問いは無意味でも、神を信じるかという問いには、真剣に考えるだけの意味があると感じるだろう。この宗教についての問いの重みを理解できない人は、現代人ではないと言ってもいい。

500年前のヨーロッパ人にとって「あなたは神を信じていますか」という問いは、現代人にとっての「あなたは電気を信じていますか」という問いと同じくらい突拍子もないものだっただろう。神——電気ではなく——はどこにでも存在するのが当たり前だった。彼らが生きていたのは、超自然的なもの——妖精、悪魔、魔法など――が当たり前に存在する世界だった。病気にかかった人は悪魔に取り憑《つ》かれていると普通に信じられていたし、悪魔は人に邪悪な行動を取らせる力があると皆、信じていた。[*71] また、聖人の遺物には人を癒やす力があるとされ、嵐や干ばつ、あるいは豊作などはすべて神が起こしているとされた。人々は作物の収穫を妨げる邪悪な妖精を追い払うべく、畑に集まって福音を読むといった儀式を繰り返した。[*72] ドイツの社会学者、マックス・ヴェーバーの言葉を借りれば、近代以前の人々は全員が魔法にかけられていた、ということになるだろう。[*73] 神や妖精の存在は、当然すぎて信じる、信じないの対象にすらならなかった。この宇宙は、あらゆる部分が神の意図する計画のために存在している。そのため、宇宙そのものも当然、意味のある存在だと考えられた。ただし、こうした世界観、宇宙観は中世ヨーロッパだけのもので、世界のあらゆる地域が同じだったわけではない。たとえば、同じような神や妖精がいたとしても、その名前や役割は文化によって違っていた。[*74] 全能の創造者であるただ一人の神を信じていた文化もあれば、その地域特有の無数の神々を同時に信じていた文化もあった。もちろん、それぞれの信仰には他にない特徴があったのだが、世界が魔法にかけられていたという点ではどの地域も同じだった。そういう世界では、神や悪魔、宇宙のエネルギーなどが、大小を問わず日常生活のあらゆる出来事に影響を与えていた。

魔法にかけられた世界では、自然と超自然の間に明確な区別はなかった。科学的な世界観がまだ存在しなかったので、区別のしようがなかったのだ。個々の神や妖精などについて、存在するか否かを議論することは可能だし、特定の神や妖精の存在を否定することも不可能ではなかった。また、それぞれがどのような性質や力を持っているかについて人によって意見が違うことはあり得た。だが、魔法にかけられた世界、という世界観そのものを廃することは不可能だった。それに代わり得る世界観がなかったからだ。魔法が解けた世界という世界観――現在の私たちから見れば、それを選べばいいと思えるが――があり得ると考える人はまだいなかった。その世界観を生む基礎となるはずの発想や、思考の道具がまだ存在しなかったからだ。魔法にかけられた世界とは当時の人たちにとって唯一の世界観であり、それに基づく日常の儀式、習慣などを捨てるなどあり得なかった。そのことがまたさらに世界観の正当性を高めることになった。

世界観の根本的な違いによって、現代の私たちの人生の意味についての会話は、おそらく中世の小作農にはまったく理解できなかっただろうし、アリストテレスやエピクテトスなど古代の偉大な思想家にすら、やはり理解できなかっただろう。人間はその歴史の大半で、人生に意味があるか、などと問うことはなかった。そもそもそんなことを考える必要はなかったからだ。あらゆる生命は、宇宙が、あるいは神が定めた大きな目的を果たすために存在するというのが自明の理だった。近代以前、私たちの祖先の考える世界では、人間は特別に素晴らしい地位に置かれていた。その世界は完全に秩序立っていて、私たちが考えるような混沌《こんとん》としたものではなかった。古代ギリシャの人たちは、ブラックホールも、ポストモダン芸術も、MRIなどの撮像装置も知らなかった。アリストテレスは彼が生きた紀元前4世紀のギリシャでは傑出した哲学者だったが、その彼ですら、同時代の他の人と同じく魔法にかけられた世界の中で生きていた。

西洋の思想に最も大きな影響を与えた人物を決めるコンテストがあったとしたら、アリストテレスは間違いなく準決勝までは勝ち上がり、そこで、イエス・キリストやサー・アイザック・ニュートンなどの巨人と相まみえることになるだろう。アリストテレスの著書『ニコマコス倫理学』はおそらく倫理について書かれた中でも最も有名で、最もよく研究された本だが、その中でアリストテレスは、人間の最高の善について考察している。より具体的には、彼は、私たちはなにを目的にして行動するのかという問いの答えを探し求めた、ということになるだろう。[*75]彼はまた、他の動物と違って人間はどこが特別なのかを明らかにしようとした。そして、人間が本来持っている性質そのものが、人間にとっての最高の善とはなにかを知る手がかりになると信じていた。こう書いているとつい、人間にとってのこの最高の善こそが人間の生きる意味だ、と言いたくなるが、実はそうではない。実のところ、アリストテレスは、人間にとっての最高の善について論じてはいても、人生の意味についてはまったく論じていないのだ。確かに人間の目的について書いてはいるが、その書き方は現在の私たちとは違っている。アリストテレスもやはり、自分の生きた時代を支配していた考え方の外に出ることはなかった。彼は、現代の私たちにとっては重要な概念のひとつである、「不条理」というものをまったく認識していなかったのだ。

私たちが電気をあって当然のものと受け止めているように、アリストテレスも宇宙の秩序をあって当然のものと受け止めていた。宇宙の秩序が存在しない可能性があり得るということすら頭に思い浮かばなかった。魔法にかけられた世界は、すべてに意味がある世界だ。その世界では、他のあらゆる生物と同様、人間にも確かな目的と美徳がある。その目的を果たし、その美徳に沿うことこそが人間にとっての善とされた。たとえば、馬にとっての美徳とは、人を乗せて走ることである。目にとっての美徳は、私たちに視力を与えることだ。そして人間にとっての美徳は、当然、なにか人間に固有の長所であるはずだ、とアリストテレスは考えた。[*76] たとえば、人間は、他の動物とは違い、理論的な思考能力を持っている。つまり、この能力こそが人間の美徳であり、人間にとっての善とは、合理的な精神に従って生きることだろうとアリストテレスは推測した。アリストテレスが「人間の存在にはなにか目的があるのか」と問うことはなかった。目的がない、という可能性自体、あり得なかった。アリストテレスが生きた魔法にかけられた世界では、あらゆるものに固有の目的があり、人間にも目的があるというのが自明の理だったのだ。あるのは当然で、あとは見つけられるか否かだけが問題だった。

西洋哲学においては、1000年以上にわたり、「人間の目的とはなにか」というのが大きな問題となっていた。人間の目的のことを古代ギリシャ人は「テロス」

と呼び、中世のキリスト教思想家たちは「最高善」と呼んだ。その問いが、近代以前の西洋の思想にとって最大の焦点だった。人類の究極の目的、私たちが存在する根本的な理由を探ろうとしたのだ。自転車は乗るために存在し、ナイフは切るために存在している。人間にも同じような存在理由があるはずだと考えていたわけだ。アリストテレスからトマス・アクィナスにいたるまで、古代ギリシャの哲学者にも、中世ヨーロッパのキリスト教思想家にも共通しているのは、とにかく人間の目的の存在をいっさい疑っていないことだ。皆が、宇宙は理解できるものであり、人間はなにかの目的のために創られているという世界観を持って生きていた。だから、哲学者、思想家の仕事は、必ず存在するはずの人間の最高善、人間の目的を発見することだった。ジョシュア・ホックシールドも言っているとおり、人間の目的の存在を疑うというのは、「西洋の歴史では長らく、人間の生命の存在を疑うようなもの」だったのだ。[*77]

しかし、17世紀あたりから、科学の進歩に影響を受けた世界観が西洋の社会に次第に広まり始める。この新しい世界観では、自然と超自然が明確に区別され、超自然のほうはその後、徐々に周縁に追いやられることになった。数世紀かけて、科学はそれまでの魔法にかけられた世界を殺したのである。科学だけでなく、人間主義、個人主義、都市化などの影響も大きかった。人の移動が活発になったこと、工業が発達したこと、民主主義が勃興し、政府が官僚化したことも重要だろう。しかし、ともかくなによりも、科学的な世界観が普及したことが、近代以前の世界にかけられていた魔法を解いたと言える。魔法もなく、意味もない、機械仕掛けの宇宙という考え方が広まっていった。

魔法にかけられた世界では、「人間の目的とはなにか」という問いが重要だったが、新しい世界観ではそうではない。機械仕掛けの壮大な宇宙の中では、人間は特権的な地位を持っているわけではない。私たちはそれ以前にはなかった新しい種類の疑問を抱くことになった。1834年、イギリスの思想家、トマス・カーライルが「人生の意味とはなにか」という一見、単純に見える問いを提示した。それ以降、あらゆる人間がこの問いと格闘することになった。

「意味」の発明――カーライルの大きな問い

正しく見れば、どのような些細《ささい》な物も重要でないということはない。あらゆる物は窓であり、哲学の目はそれを通して無限を見つめることができる。

――トマス・カーライル『衣服の哲学』［1834年］

トマス・カーライルはスコットランド人で、ヴィクトリア朝時代の随筆家、風刺家、歴史家だが、もちろん同じ時代に人生の意味について考えた人が他にいなかったわけではない。しかし、おそらく英語圏で最も早い時期にこの問いを文章に記したのはカーライルだろう。1833年から34年にかけての時期に出版された彼の著書『衣服の哲学』には、いくつか注目すべき点がある。まず、ラルフ・ウォルドー・エマソンが序文を書いているということ。そしてハーマン・メルヴィルが『白鯨』に、ウォルト・ホイットマンが『ぼく自身の歌』に影響を与えたと明言していること。また現在では、この本を境に英語圏の文学がロマン主義時代からヴィクトリア朝時代へと移り変わったとされていることだ。[*78] それに加え、知られている限り、「人生の意味（meaning of life）」という言葉がおそらくはじめて英語の文献に現れたという意味でも重要である。[*79]

『衣服の哲学』は、歴史上でも世界が最も激しく動揺したと思われる時代に書かれた。人々の日常生活のあらゆる側面が、世界各地で起きたいくつかの大変革に影響を受けていた。フランス革命は政治の世界をそれ以前とはまったく変えてしまったし、その余波はいまだにヨーロッパ全土で感じられる。ロマン主義運動は、人々の感情表現を豊かにし、また人々に内省を促すことになった。産業革命は、人々の生活様式自体をそれ以前とはまったく変えてしまった。そして科学革命は、従来の宗教的な世界観を脅かすことになった。カーライルは本の冒頭にこう書いている。

「現在の文化の発達度合いを考えれば、また科学の光がこれほど明るく輝き、周囲を照らしていることを見てみれば……科学の光はこれまでになく明るく輝いている。今では安価なろうそくもあれば、それに火をつける硫黄のマッチもある。無数の明かりはあらゆる方向を照らしている。もはや自然や芸術のどれほど小さな割れ目も、小さな穴にも、光が当たらないままということはないだろう」[*80]

科学的思考がどれほど人間の知に影響を与えたか、また、人々の人生をどれほど変え、長らく疑われることのなかった信念や世界観をどれほど大きく揺さぶったかが、このカーライルの言葉だけでよくわかる。それ以前には自明とされたこと、問うまでもないとされたこと——たとえば、世界には全体としての意味があり、人間はこの世界の中で特別な地位にいるといったこと——が、突如、自明ではなくなったのだ。この本の主人公は、トイフェルスドレックという架空のドイツ人大学教授で、自分の平凡な人生がいかに無意味かを悟り、打ちのめされる。現代の私たちにとって、彼の発見はまったく驚くべきものではない。当時は、工業化が急速に進み、生活があまりに急激に変化したことで、確固たるものと感じていた足場が揺らいで、トイフェルスドレックのように意気消沈してしまう人が増えていたのである。それまでの時代とは違い、宗教や伝統はもはや人々の抱く疑問に答えることができなくなった。

この本はいちおう小説のかたちを取っているが、実は人生の意味を探すカーライル自身の姿が書かれている。世界が急速に世俗化し、理性というものが重要視されるようになり、神秘主義には強い敵意が向けられ始めた。その影響を受けたトイフェルスドレック教授もやはり、宗教に疑いを抱くようになった。自分の信仰を疑い、神の存在そのものをも疑い始めた。[*81]疑いは教授の人生に暗い影を落とす。彼は「不信仰という悪夢」を見ることになったのである。やがて教授は、自分が冷たい静寂の世界で孤立していることに気づき、こう書き記す。「私には、宇宙がまったくの空虚に思える。生命もなく、目的もなく、暴力も、敵意すらもない。それは1つの巨大な、命を持たない蒸気機関のようなものだ。計り知れない力を備えたその蒸気機関はなにが起ころうと無関心である。私はその力で粉々にすり潰されてしまう」信仰を奪われ、すべてを自らの哲学的能力で判断しなくてはいけなくなった教授は——はじめて「人生の意味」という言葉を使って——こう書く。「私たちの人生は、もはやそれぞれのそのときの必要によって形作られるものになった。人生の意味は自由に、自分の力で作るものでしかなくなった。そのため、私たちは生まれたときから戦争状態に置かれている。誰もが極めて激しい闘いに挑まなくてはならない」すべての人間が必然的に、必要と自由との間の戦争に巻き込まれることになった。人間は、食欲など身体的な欲望や、物理的な状況などの制約を受ける。人間はそのような制約を超越し、自らの仕事に打ち込むことでより高次の道徳的義務を果たすべき、と教授は考えた。カーライルにとっては、それこそが人生の意味だった。意義のある仕事に取り組むこと、自らの理想を変え、充足感を得ることが人生の意味だとした。彼は「昼間と呼べる間には働く、夜が訪れてしまえば、もう誰も働くことができない」と書いている。

人間は太古の昔から自らの人生の意味について悩んできたわけではなく、人生の意味という言葉自体が作られてからまだ200年も経っていないのだと知ると、少し安心しないだろうか。その言葉がはじめて使われた『衣服の哲学』の主人公、トイフェルスドレック教授は、作中では『衣服――その起源と影響』という本を書いたことになっている。なんでも屋のようで、これといった専門のなさそうなトイフェルスドレック教授だが、著書『衣服』では、衣服について正確で詳しい説明をしている。たとえば、ドイツでは後ろが低く少し巻いてある襟が良いとされる、など男性のおしゃれな服の着こなし方も書かれている。[*82] この本は一見、当たり障りのないことを書いているようで、実のところそうではない。衣服のことを書いているように見せて、カーライルはこのメタフィクションで、より深刻な哲学的問題を論じているのだ。既存のあらゆる価値観に疑いの目を向けながらも、カーライルはそれを必ずしも悲しいこと、絶望的なこととはとらえていない。彼の書く言葉からは希望が感じられる。人間は必ず、自らの存在を揺るがす混乱を乗り越えて、いずれは勝利を収めると強く信じているようだ。ただ、この本には、カーライルが両親から受け継いだ厳格なカルヴァン派のキリスト教への信仰心を失う兆候は見えている。『衣服の哲学』は、自身が「無神論の世紀」と呼んだ時代に生きたカーライルの、信仰の喪失との闘いを書いた本と考えることもできるだろう。伝統的なキリスト教への信仰が失われる時代に、その時代との整合性のある人生の解釈を見つけ出そうとしたのだ。

カーライルは、19世紀の知の世界に特に大きな影響を与えた人物の一人だと言われることが多い。実際に彼は多数の思想家に着想を与えている。その誰もが、カーライルの作品に反応して人生の意味や実存的危機について考えたし、それを文章に書いた人も大勢いる。影響は英語圏に留まらない。大陸ヨーロッパでも、セーレン・キルケゴールや、アルトゥル・ショーペンハウアーなどが、カーライルが投げかけた問いについて考察をしている。たとえばキルケゴールは、初期の重要な作品である1843年の『あれか、これか』で、「人生の意味とは、もしそういうものがあるのだとしたら、いったいなんだろう?」と書いている。[*83]

この問いは、その後、教養ある人々すべてに共通のものとなった。哲学者で作家のラルフ・ウォルドー・エマソン、サミュエル・ベケット、ジョージ・エリオット、レフ・トルストイ、リヒャルト・ワーグナーをはじめとする作曲家、生物学のトマス・ヘンリー・ハクスリー(〝ダーウィンの番犬〟という異名で有名な人だ)など、この問いについて考えた人たちの例はいくらでもあげられる。

皆の先導役となったのは、ショーペンハウアーだ。ショーペンハウアーは人間の本質に触れた自身の随筆の中で、「人生の意味とはそもそもなんだろうか? すべての本質が固定的で、すべてがあらかじめ決定されているこの笑劇は、いったいどういう目的で演じられているのだろうか」と正面から問いかけている。[*84]

トルストイの『アンナ・カレーニナ』は1877年に出版され、それまでは一部の知的な人たちだけが抱えていた存在に対する不安を一般の人たちにも広めた小説だと言えるだろう。トルストイ自身はこの傑作が世に出るよりも前から、カーライルと同様、魔法の消滅に立ち向かっていた。トルストイもやはり、新しい科学的な世界観と折り合いをつける道を模索していた。彼は、物理学の本を読み、重量や熱の概念について考え、気圧がなぜ生じるのかといったことについても考えをめぐらせた。その数カ月後、日記に「地上に生きているだけでは、何物も与えられることはない」と書いていたのは決して偶然ではないだろう。[*85]自然界の機械的な法則について知れば知るほど、彼は超越的な存在に対する信仰心を失っていった。トルストイはこうも書いている。「私は人生の意味を探し求めたが、結局、求めるものは見つからず、自分のように人生の意味を求める者は必ず、なにも見つけられずに終わるだろうという確信を得ただけだった[*86]」

トルストイは、カーライルやショーペンハウアーなど他の同時代人とともに、新しい科学的な世界観がなにを暗示するのかを完全に理解した最初の人だったと言えるだろう。この世界観では、人間は生来、なんの目的も美徳も価値も持たない、単なる生物有機体にまで地位を落とすことになる。トルストイはこう書く。「人間は、偶然に、一時的に集まった粒子の塊である。粒子たちの相互関係、変化が、私たちが生命と呼んでいるものを作り出している。この塊はしばらくの間、存続する。だがやがて、粒子間の相互作用は終わる。そうなれば、私たちが人生と呼ぶものも、私たちが抱いた疑問もすべて姿を消す。人間は、偶然集まったなにかの塊にすぎないが、その塊には感情がある」[*87]

もちろん、なにかを知ったからといって、その発見をいつでも喜べるわけではない。科学的な世界観によって知らされた不都合な真実に喜ぶ人は少なかった。しかし、だからといって、新しい世界観が広まっていくのが止まるわけでもなかった。20世紀の終わりには、ごく普通の人たちが、当たり前のように実存的不安に直面するようになった。「人生の意味とはなにか」という一見、解答不能にも思える大きな問いはもともと、人間が自分の手で作り出したものなのだが、今、そのように考えている人は少ない。むしろ、人間は歴史のはじめからこの問いに直面しており、永遠に立ち向かっていかなくてはならないと考えている人がほとんどだろう。しかし、この問いが作られたのはさほど昔のことではない。魔法にかけられた昔の世界では、人生に意味があるのは当然の前提であり、それについて問う必要などなかったのだ。

宗教から科学が生まれた

太陽、惑星、彗星《すいせい》から成るこの最高に美しい太陽系は、知性と強い力を持つ存在の助言と支配によって創造された。

——サー・アイザック・ニュートン『一般的注解（*General Scholium*）』［1713年］

現代では、科学と宗教は対立し合うものだと考えている人がほとんどだろう。しかし、元来はそうではなかった。科学革命は何世紀もの時間をかけて進んだが、キリスト教や神への強い信仰を否定することが目的だったわけではない。むしろキリスト教や神への信仰があったからこそ、この革命が起きたと言える。科学にとって重要な合理的、論理的分析は、元は神学の研究から始まったものだ。本来は、神と、神の創造した世界をより深く理解するための分析法だったのだ。[*88] 科学の研究自体、元は神を称《たた》え、神に近づくための方法のひとつだった。宇宙が神の意思によって創造されたのだとすれば、宇宙は当然、合理的なものであると考えられた。ニュートンをはじめとする科学者たちの仕事は、神の言葉を解読することだったのである。宇宙の背後には必ず、知性を持つ神の計画が隠されているはずなので、それをより深く理解することが科学者の目標になっていた。ヨハネス・ケプラーは、17世紀、ドイツに生きた数学者、天文学者で、彼の発見した惑星運行の法則は、科学革命を進行させる大きな力となった。しかし、そのケプラーも、神が幾何学に基づいて宇宙を創造したことを証明したい、という動機で研究をしていたのだ。ケプラーは、「自分が努力をすれば、天文学でも神を称えることはできる」と考えて、神学者から天文学者へと変わった。[*89]

科学的な世界観は、元はキリスト教の世界観の副産物として生じたのだが、やがて子が親を殺すことになる。新しい世界観を構成するさまざまな要素は神に依存せず、それだけで自立できるものだと考える思想家が徐々に増えていったからだ。現在は「無神論」を意味するatheismという言葉が英語の文献にはじめて現れるのは1540年だが、[*90]元は異端全般を表すのに使われていたこの言葉の意味が狭まり、現体制完全な神の否定を意味するようになるまでには、しばらく時間がかかった。

を批判するものがそういう扱いを受けるのは世の常だが、atheismという言葉も最初のうちは、誰かを侮辱するために使われるものだった。一般の人々にとって、atheismは、魔術や妖術と同列のなにかいかがわしいものでしかなかった。フランスの哲学者、ドゥニ・ディドロのように、自ら無神論者であることを公言する哲学者が現れたのは、ようやく18世紀になってからのことだった。[*91] その後、無神論は、少なくともある種の人々の間には、野火のように広がっていくことになる。19世紀の後半にトルストイは、ロシアの知識人たちやヨーロッパのエリートの中に「自分は神を信仰していると明言する者はもはや1000人に1人もいないだろう」と言っている。[*92] 19世紀末になると、大学の多くがそれまで受け入れていた宗教の教理を否定するようになり、宗教について考え、議論することをもはや重要とはみなさなくなった。もちろん、宗教思想家や、宗教の信者がまったくいなくなったわけではない。しかし、信仰が公のものではなくなり、ただ個人が心の中に抱くものへと変わったのは確かだ。宗教は私的なものになったということだ。たとえ宗教を信仰している人であっても、公の場、たとえば政治の場や職場にいるときには、合理的にものを考え、超自然的な存在はないという前提で話をすることを求められる。作物をいつ収穫すべきか、あるいはダムをどこに建設すべきか、といったことを決断する場合にも、専門家に意見を求め、科学的な検証の済んだ情報を根拠にしなくてはいけない。決して神のお告げに頼るようなことがあってはならないのだ。

現在でも魔法、宗教、超自然的存在などは、人々の日常生活に一定の影響を与え続けてはいる——昔のように、自明のものとして人々の世界観の基本を成しているわけではないが、今の主流の科学的世界観とある種の緊張感を保って共存している。現代の信仰者は、個人的には魔法にかけられた世界を信じながらも、その世界観と、魔法の解けた現代の合理的な世界観との間を行き来しながら生きる必要がある。新しい世界観が私たちに多くの利益をもたらしてくれたのは確かだ。そのおかげでテクノロジーは発達し、より円滑に社会を運営できるようになった。しかし一方で、この世界観は恐ろしい事実を明らかにしてしまった。それは、宇宙はなにか大きな目的を達するために人間を創造したわけではないということだ。私たちの存在には元来、なにか意味があるわけではない、ということがわかってしまった。だとしたら、私たちはどうすればいいのか。なにに人生の意味を見出せばいいのか。

「人生の意味とはなにか」というのは、科学的な世界観を持つようになった人間がおそらく最初に抱く問いだろう。科学が発展せず世界の魔法が解けなければ、この問いは生まれなかった。新しい世界観は、古い世界観を真っ向から否定してしまった。失われたものを取り戻したいと願うのは人間にとってごく自然なことだ。「人生の意味」という言葉自体が、この新しい世界観の結果として生まれた。人生に当然のように意味があった時代には、それを表す言葉がなかったのである。ただ、実存的危機が起きたからといって、科学を非難してもなににもならない。人間は、科学的な世界観を持ちながら、人生を意味あるものにする必要があった。そのための方法を模索した人は大勢いた。次の章で触れるロマン主義は、模索の中で生まれてきた運動のひとつである。

第6章

A Romantic Notion

ロマン主義

人生の意味を解き明かそうとすることは、部品が揃っていないとわかっていて、あるいは適切な説明書がない状態でイケアの家具を組み立てるようなものかもしれない。しかし、本当に問題なのは、実際には安価な本棚の部品しか持っていないのに、それではるかに高級なキャビネットを作ろうとしていることだろう。何かが欠けているように思えるのは、単にあなたが多くを望みすぎているからだ。

——ジュリアン・バジーニ『発見：人生の意味（*Revealed: The Meaning of Life*）』［2004年］

近代の西洋世界での人生の意味の探求にトマス・カーライル、アルトゥル・ショーペンハウアー、セーレン・キルケゴールが大きな役割を果たしたということはすでに書いた。実は3人には他にも共通点がある。それは、ドイツロマン主義との関わりだ。カーライルは、ドイツロマン派の文献を多数、英語に訳している上、『フリードリヒ・シラーの生涯（*The Life of Friedrich Schiller*）』という本も書いた。これは題名のとおり、18世紀後半に生きたドイツの有名な詩人の伝記だ。自身がドイツ人であるショーペンハウアーは、当然のことながら同国人の作品に多く接していた。彼の厭世《えんせい》的な哲学は、そうした作品への反発から生じたものとも言える。ショーペンハウアーは、ロマン主義にさほど高い価値があるとは思っていなかったようで、本当は冷たくそう言いきってしまいたかったのかもしれない。キルケゴールはベルリンに行き、そこでドイツのロマン主義哲学者、フリードリヒ・シェリングの講義を聴いている。また、ベルリン滞在中に彼の最初の実存主義の著作である『あれか、これか』の大部分を書いた。3人の知的背景には共通する部分が多いと考えられる。彼らはいずれもドイツ観念論の影響を受けていた。だとすれば当然、ドイツ観念論と、彼ら全員が体験した実存的危機の間になにか関係があるのだろうか、という疑問が湧いてくる。

ドイツロマン主義初期の重要人物としては、まず、ゲオルク・フィリップ・フリードリヒ・フォン・ハルデンベルクという詩人があげられるだろう。〝ノヴァーリス〟という筆名で有名なこの詩人は、ゾフィー・フォン・キューンという女性を心から愛し、婚約したが、結婚する前に彼女が亡くなるという悲劇的な体験をしている。ノヴァーリスは、自分の深い愛情と、その愛情ゆえに悲しみに打ちひしがれている自分を発見する。また、愛や人生に対する理想主義的な自分の見方も認識して、28歳のときに結核で亡くなるまでの間、その両方を詩や文章に表現し続けた。ロマン主義は、ヨーロッパ社会に合理的な、魔法の解けた世界観が急速に広まり、妖精や神などの神秘的なものたちが姿を消して、社会が次第に世俗化されていたことに対する直接の反応として生まれた。ドイツロマン主義は、その関心を人間の内側へと向けた。魔法は心の中にあると考えたのだ。ノヴァーリスや、彼と同様の考えを持つロマン主義の詩人、哲学者たちは、人間の感情というものを重要視した。感情を神に近い地位にまで持ち上げたのである。愛情など、偽りのない感情を崇拝し、それこそが人生の中で私たちを導いてくれるものだと信じた。

現代でも、友人や愛する人がなにか人生における大きな決断を下そうとしているときには、「自分の心に従うべき」と助言する人は多いはずだ。この助言はまさにロマン主義者が発明したものだと言っていい。ロマン主義の時代より前、人間はただ耐えるべき存在だった。自分の心など無視して、黙々と義務を果たすことが良しとされていた。ロマン主義者たちにとって、「心に従うべき」というのは単なる意見ではなく、もはや人間の使命だった。彼らは大胆にも、社会規範や父親の期待、合理的な助言など、自分を縛るすべてのものを無視して、ただ自分の心の声に従って生きるべきだと主張したのである。報われない愛に苦しむ詩人はロマン主義者にとっては究極の英雄だが、その英雄は、人生において自分に課せられた義務や、日常の些事《さじ》などにはまったく無関心であるべきとされた。そして脆弱《ぜいじゃく》な身体や心が自分を裏切ったときには、早すぎる非業の死を迎えるのはむしろ望ましいと考えられた。愛する人からの愛情を勝ち得る見込みがないとわかっていても——また、ノヴァーリスのように愛する人を失うという悲劇を体験したとしても——詩人は自分の愛情のために身を捧《ささ》げ続け、自分の感情を詩で表現し続けなくてはならない。

現代のハリウッド映画や、無数のポップ・ソングにも見られる、「愛はすべてを変える体験」という考え方は、ロマン主義者たちが生み出したものだ。どこかに必ず、あなたが心から愛せる相手が待っている。その人に出会ったら、きっと一目惚《ぼ》れをするし、その人こそが自分の心が選んだ人だとすぐに確信できる。そして、二人は永遠に愛し合う。そういう考え方だ。ロマン主義者がこの考え方を広めたせいで、愛に対して非現実的な期待をする人が増えてしまった。スイスの哲学者、アラン・ド・ボトンは、それが「私たちの人間関係を破壊しているし、普通の人が日々、抱く感情にも壊滅的な影響を与えている」と言っている。[*93] また、理想が義務になってしまったことも問題だ。最高の相手に出会うまで妥協をしてはならないと考える人が多くなったのである。妥協しないというのは一見、良いことのようだが、そういう考えを持っている限り、現実の恋愛関係において生じる無数の複雑な環境にはうまく対処できないし、ましてや、結婚生活の日常で直面するありふれた問題にもうまく立ち向かうことができないだろう。

同じような発想を仕事にも持ち込む人が多くなっている。人は皆、天職を探すべきで、それ以外の仕事で妥協してはならないと考える。読者の中にも、そんな考え方に馴染《なじ》みのある人は多いのではないだろうか。広告や映画、歌、自己啓発の本などで同じことが何度も繰り返し語られている。愛、仕事、人生、幸福、なにに関しても決して妥協をしてはならない、と。背後には、誰にも、どこかになにかしら、心が天職と認める仕事があるはず、という考えがある。どこかに必ずあるのだから、あとは見つければいいだけだ。天職が見つかりさえすれば、自分がなにをするためにこの地上に生まれたのかがよく理解できるだろう。天職は元来、キリスト教の言葉であり、神の命じる仕事という意味だったのだが、ロマン主義者は、「神」を「自分の心」に置き換えてしまった。人生には必ず1つ、真の使命があるという点は変わらないのだが、それは神によって与えられるのではなく、自分の心の中に隠れているとした。「あなたの天職を見つけよう」というのは、自己啓発の本では一種の標語のようになっている。だが、残念ながら、この標語はあまりにも現実離れしている。

ロマン主義者は、人間はそれぞれ心の天職を持っているとした。つまり人間は生まれながらに約束された人生の意味を持っているということだ。人生の意味が存在することが確かならば、あとはそれを見つけるだけでいいことになる。ただ自分の心に従っていれば、全人生を賭けて果たすべき使命が自然に明らかになるはず、というのだ。それは突然、目の前に現れ、人生を支配する。そうなれば、明確な意味を感じながら生きていくことができる。

ロマン主義者はこのように私たちに薔薇《ばら》色の人生を約束してくれたが、現実は必ずしも薔薇のように良い香りがするわけではない。科学的世界観が広まり、それまでの宗教的世界観に取って代わったあと、ロマン主義的な発想が生まれたことは理解できる。世界観の変化によって、人生に意味を見出せず、実存的危機に陥った。その状況では、宗教的世界観とは別のかたちで人生の意味を提示してくれるように見えるロマン主義が魅力的に映っても不思議はないだろう。カーライル、キルケゴール、ショーペンハウアーの3人もやはりロマン主義者たちと同じように、大きな意味への渇望は持っていたのだろうが、世界の世俗化が進んでいく中、そんな意味をも見つけることはますます困難になっていった。

左図は、宗教やロマン主義、科学と人生の意味の関係についてまとめた図である。魔法にかけられた世界では、人間をはじめすべての生き物に必ず果たすべき役割があった。だから人生に意味があるのは当然のことだった――稀《まれ》にそう思わない哲学者

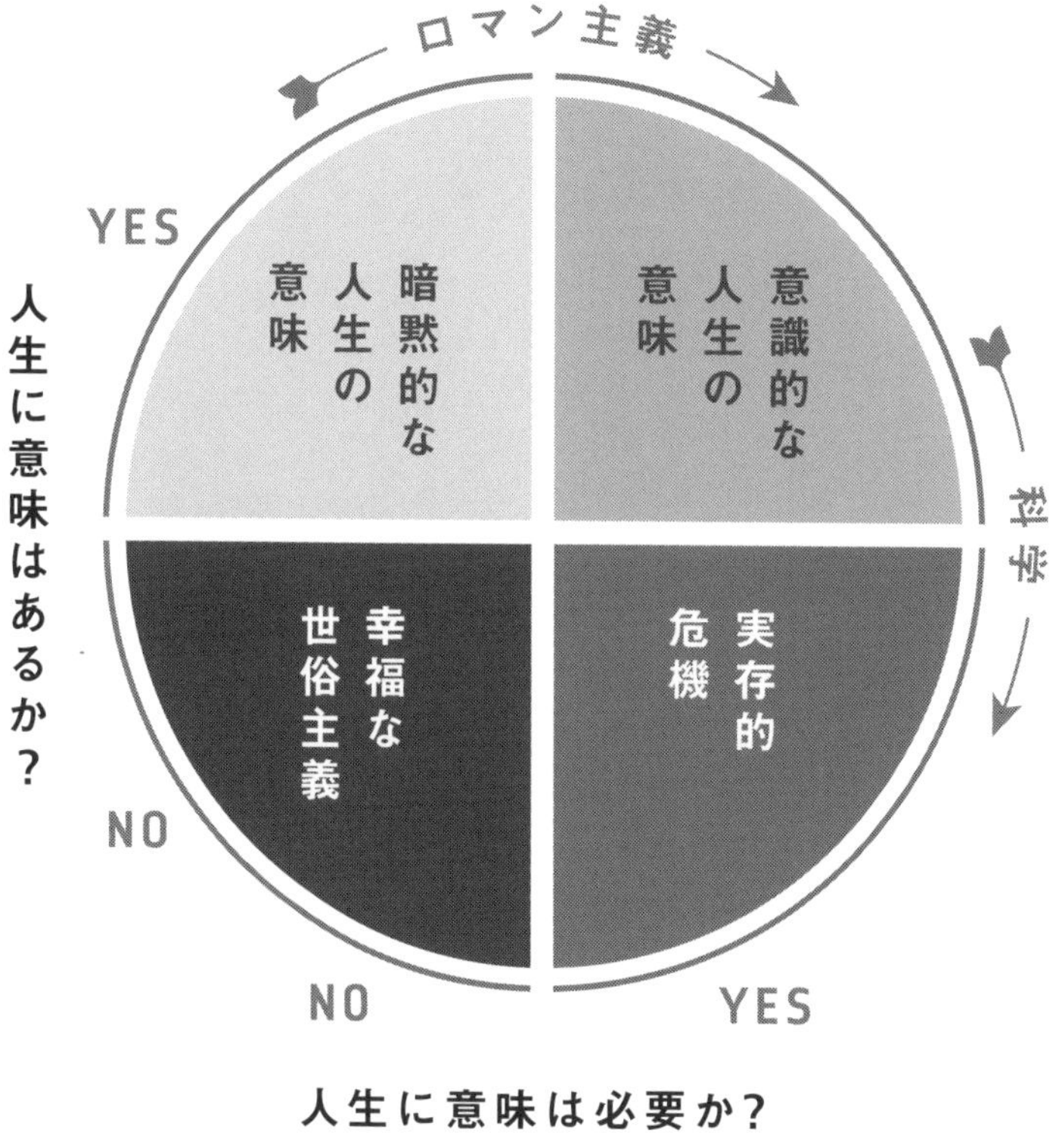
ロマン主義
科学
YES
NO
NO
YES
暗黙的な人生の意味
意識的な人生の意味
幸福な世俗主義
実存的危機
人生に意味はあるか?
人生に意味は必要か?

はいたがあくまで例外だ――人生に意味はあるかという問いについて考える必要などまったくなかった。ただし、いつの時代にも、人生に意味などないと感じながら生きている人はいる。宇宙や自分について深く考えたわけではなく、ただ自分にとってそういうことはどうでもいいと思っているだけだ。この態度は「幸福な世俗主義」と呼ぶことができるだろう。この種の人たちにとって、無知は喜びである。私の知人にも、人生に高次の意味や目的があると考えず、特に自分の人生に足りないものがあるとも感じていない人が少なからずいる。意味や目的を最初から信じていないので、足りないとも思わないのだ。ほとんどは、信仰を持たない家庭に育った人たちだ。宗教に触れる機会はほとんどなく、神を信じたことがない。人生に意味や目的が必要だという意識が最初からない。一方で、私の知人の中には、人生に高次の意味や目的を感じている人もいる。この種の人たちには、神が、あるいは信仰が、意味や目的を与えている。信仰があるおかげで、人生に足りないものがあるとは感じないで済むということだ。問題は、実存的危機に陥った人である。この種の人たちは悲劇的だ。人生に意味や目的が欲しいと熱望しながら、そんなものはないかもしれないと恐れている。人生に不条理を感じやすく、歴史が証明しているとおり、詩人や哲学者になる人も多い。科学的な世界観のせいで、魔法にかけられた世界が破壊されたと感じている。ロマン主義は、宗教の代わりに人生に意味を与えるものだ。ロマン主義の影響下にいる人は現代でも数多い。普段はそうではなくても、なにか大きな不幸に見舞われたときなどに、ロマン主義的な考え方をし始める人は少なくない。

人間に高次の目的はあるとするロマン主義の考え方と、この宇宙は人間に目的など用意してくれないという世俗的な考え方は長く共存し続けていて、この2つの間の緊張関係が長く続いている。そしていつしか、「人生の意味」は聖杯のようになった。人生の意味を追い求めることは確かに尊いし、意味があるのならば誰もが嬉しいのは間違いない。しかし、意味などまったく存在しない可能性は高いし、たとえそうでもしかたがないとあきらめる人も多い。

切実に意味を求めているのに、意味などない可能性が高い、そういう状況に耐えるために、なにもかもをジョークにしてしまう人もいる。映画『モンティ・パイソン／人生狂騒曲』のエンディングで、マイケル・ペイリンは、黄金の封筒を手渡され、それをぞんざいに受け取る。封筒の中には、人生の意味が書かれた手紙が入っている。ペイリンが読み上げると、手紙にはこう書いてあった。「いや、特別なことはなにもない。人に親切にし、脂肪を摂《と》りすぎないよう気をつけ、ときどきは良い本を読み、散歩をし、信条や国が違う人々とも平和に共存できるよう努力をする」ダグラス・アダムスのSF小説『銀河ヒッチハイク・ガイド』には、人生とその意味についての究極の疑問への答えを計算するためにスーパーコンピュータが登場するが、そのコンピュータが出した答えは「42」だった。[*94] どちらも、人生の意味を問うこと自体がバカげていて、滑稽だと言っているのだろう。そんなものは最初からないと知っていながら、明解な答えが出ることを期待するのは確かにバカげている。

近代人の革命

近代の西洋社会では、ロマン主義が興り、科学的世界観が広まっていくと同時に、他にもいくつかの大変革が起きた。そうした大変革も、人生の意味に対する考え方や、宇宙における人間の地位のとらえ方に大きな影響を与えたと言っていいだろう。

西洋人の価値観、意識は500年前くらいから急激に変化したのである。特に影響力が大きかったものは3つある。

1つは「人間主義（ヒューマニズム）」だ。これは、それまでより人間を高い地位につける考え方である。神や精霊、運などが人生を決めるのではなく、人間が自分の力で自由に人生を切り拓《ひら》いていくと考える。この変化は、たとえば1641年に出版されたルネ・デカルトの著書『省察』などに明らかに表れ始めている。デカルトはこの本の中で、神の存在や魂の不滅を徹底して疑うのだが、いずれも合理的な疑いを超えたものだとした。[*95] デカルトの意図は宗教や神の否定ではなく、最終的に、神への信仰はひとまず疑いの余地のない基盤であると結論づけた。

しかし、デカルトは時限爆弾を仕掛けたようなものだった。理性によって神の存在を証明しようとしたからだ。これは、人間の思考力を神の上に置いたということである。大逆転が起きたのだ。それまでは、神の存在が人間の理性の基盤だったのだが、反対に、人間の理性があってはじめて神が存在するということになった。デカルト本人も彼の同時代人も気づいていなかったが、理性の力で神の存在を証明できるのだとしたら、その逆に理性の力で神の不在を証明することもできてしまうのである。
2つ目は個人主義だ。個人主義が生まれると、個人と社会との間の関係はそれまでと大きく変わることになった。近代以前の世界では、集団は個人に優先するとされていた。[*96] 個人は確かに存在するが、その存在は集団があってのものだった。個人には所属する家族、社会階級、職業集団などがあり、その中での役割もあらかじめ決まっていた。それが共同体の安定維持に役立っていたのだ。個人にはそれぞれ集団の中で果たすべき義務があり、個人の感情、夢、願望などとは無関係に、その義務を果たすのが正しいことだとされた。そもそも、公の自分以外に私的な「内なる自分」が存在するという考え方が文献に現れるのは、16世紀以降のことである。[*97]
1517年に宗教改革を始めるマルティン・ルターは、個人と神がなんの仲介もなく直接、関わり合うことの重要さ、そして個人の良心の役割を強調した。宗教改革は、人々の関心を個人に向かわせる上で大きな役割を果たしたと言える。またこの改革は、個人の信念を集団の意思から切り離すことにもつながった。ルター自身はおそらくそこまで予見していたわけではないだろうが、彼の改革がきっかけとなり、近代人はその後、次第に個人を重要視するようになっていったのだ。だが残念ながら、誰もが自分の個人的な感情や夢、願望を大事にするあまり、集団に大きな不利益がもたらされるのは珍しいことではない。
3つ目は、人間は努力によって進歩できるという考え方だ。これは中世の人にはほぼあり得ない発想だった。科学的な世界観の普及と、産業革命によって人間は、世界の改変がそれ以前に考えられていたよりずっと簡単であることを知った。かつて宇宙は超越的な存在によって支配されていると考えられ、人間は儀式や魔術によってごくわずかな影響をおよぼせるだけで、ほぼなにも手出しをできないとされていた。あらかじめ定められた宇宙の秩序は安定していて変わることはなく、なにもかもが永遠にただ一定の法則に従うとされていたのだ。しかし、科学を手に入れて以降の人間は、宇宙を自分にとって望ましい方向に改変できるようになった。努力によってそれまで不可能だったことを可能にし、進歩できると知ったのである。産業革命以降の近代人は、世界を征服可能なもの、制御可能なものと見るようになった――多数の発明によって自分たちの生活が向上していくという体験を経て、進歩はやがて当然のこととして受け止められるようになった。[*98]
人間主義、個人主義、努力によって進歩できるという考え、そして科学的な世界観が広まったことで、宇宙における人間の地位や人生の意味についての考え方が大きく変わったことは間違いない。ただもちろん、それがすべてというわけでもないだろう。他にも同時にさまざまなことが起きていた。都市化、市民階級の誕生なども大きい。工業の発展に伴い、農村から多くの人が都市に移り住んだことで、人々の土地や共同体との結びつきが切れたということもある。[*99] アメリカやフランスが18世紀の後半に始めた民主的な政治制度の影響も見過ごせない。統治者の権力の正当性はかつては神によって与えられるものだったが、それが人民、市民によって与えられるものに変わった。さまざまな革命の結果、人々の考え方は過去とは大きく変わり、人生の価値や目的、意味は、与えられるものではなく、自分で見つけるのが当然とされるようになった。個人は集団から切り離され、自分の内なる信念、願望に従って生きている。そして、自ら選び取った価値観に沿って努力すれば、必ず進歩できるはずだと信じているし、進歩することが自分の責任だと考えている。伝統的な共同体を失い、神や魔法も失った今の私たちには、自分以外に頼るものはない。現代は人間の自立の時代であるということだ。

自立の時代

同じように神を信じると言っても、西暦1500年と2000年では意味が違う……今ではもはや純粋な有神論者も、純粋な無神論者もまったくいない。

――チャールズ・テイラー『世俗の時代』[2007年]

ヨーロッパ諸国に比べれば信仰の喪失が遅かったアメリカだが、結局はヨーロッパと同様の変化が起き、変化は時代を経るにつれて加速した。現在のアメリカで正式な信仰をなにも持たない人は約5600万人だが[*100]、このままの速度で国の世俗化が進めば、2050年には大半のアメリカ人がどの宗教ともまったく無関係という状態になるだろう。アメリカ人は総じて信心深く、その信仰心は比較的、安定していると長らく信じられていただけに、この数字には驚かされる。アメリカでは1990年以降、信仰する宗教を持たない人が急速に増えた。無宗教者は、どの宗教の信者に比べても圧倒的な速度で増加している。変化は特に若い世代で顕著だ。

1981年以降に生まれた人たちはすでに36パーセントが無宗教化している。[*101]

ヨーロッパのいくつかの国では、神を信じないこと——またそれを公言すること——がすでにごく当たり前になっている。チェコはおそらく世界でも最も無神論者の多い国だろう。実に国民の40パーセントが完全に神の存在を否定している。無神論者が2番目に多いのはエストニアだ。[*102] フランス、ドイツ、スウェーデンでも、神の存在を確信する人よりも不在を確信する人のほうが多くなっている。[*103]

アメリカのようにまだ大半の国民が神を信じている国も多いが、そういう国でも信仰態度を変えることが以前よりは普通になり、受け入れられやすくなっている。

これは中世の人には、おそらく私たちの祖父母の世代の人にさえ、理解し難いことだっただろう。最近のピュー研究所の調査によれば、子供の頃と宗教への関わり方が変わった人がアメリカでは実に国民の42パーセントに達しているという。社会科学者のロバート・パットナムとデヴィッド・キャンベルは、現代アメリカ人の信仰についての研究論文にこう書いている。「信仰する宗教を自身の固定的な属性ではなく、単なる〝好み〟として扱うことが今ではごく普通のことになっている」[*104]

いまだに神を強く信じている人でさえ、アメリカやヨーロッパでは、その信仰が

〝近代化〟している。近代化した信仰には、4つの大きな特徴があると私は考える。

1つ目は、信仰が意識的であることだ。これは、信仰の変遷を専門的に調査しているチャールズ・テイラーも言っている。[*105] 過去においては、神を信仰するのはごく当然であり、信じないという選択肢を考えることすらなかったが、現代では違う。今、神を信じている人は、意識してそれを選択したのである。信じないという選択肢があることを知っていて、自分は信じることを選択したと公言しているわけだ。

2つ目の特徴は、神を信じる人も、そうでない人と同じく、世界の成り立ち、世界の仕組みについての科学的な説明を概《おおむ》ね受け入れているということだ。信仰心の極めて強い人は確かに、一部に神の関与があると主張してはいるが、そういう人たちでも、日常的な出来事に関しては、神や妖精を持ち出さない科学的な説明を受け入れる。たとえどれほど強く神を信じている人でも、車が故障したときにそれを妖精のいたずらだと考えることはなく、単なる機械の機能不全だと理解する。

3つ目は、日常的に多様な宗教に接するということである。自分自身が信仰する宗教を変えたことがなくても、知人の中に宗教を変えた人がいるというのは珍しいことではない。職場や地域社会では、さまざまな宗教を信仰する人たちが共存している。1950年代にはまだ、配偶者も職場の同僚も、近隣の人たちもすべて自分と信仰する宗教が同じで同じ教会に行っているということは十分にあり得た。しかし、その後、世界の多様化が進んだことで、特に都市においては、日頃からさまざまに宗教の違う人たちと接しながら、それをまったく意識しないというのが当たり前になっている。[*106]

4つ目は、たとえ神を信じている人であっても、困難を乗り越え、成功を収めるのに神に頼ろうとは考えないということである。その場合、頼れるのは自分だけ、自分の能力と努力でどうにかするしかないと考える。いちおう、自分の望みを神に話し、祈ることはするが、特に大規模な社会問題をそれで解決できるとは思っていない。新しい航空機を作ったときには、聖職者に安全を祈ってほしいと頼むかもしれないが、それで本当に安全が確保されるわけではないことを理解している。優秀なエンジニアが設計し、適切な知識と技術のある人たちが日々、点検、整備を繰り返さない限り、安全が確保されることはないと知っているのだ。私生活上の小さな問題であれ、気候変動や医療の荒廃、政治的分断など、社会の大問題であれ、その解決のためには、確かな証拠に基づいて論理的に解決策を考えようとする。どれほど神を信じているからといって、神のお告げを待つようなことはないのだ。
今は人間の自立の時代である。それが現代と他の時代との大きな違いだ。現代の私たちには神を信じるか信じないかを決める自由があるし、どのような種類の神を信じるのかも自分で決められる。世界観すら現代では個人がそれぞれに選択するものだ。個人がそれぞれに、自分の必要、信念、偏見に合わせて自由に自分だけの世界観を作り上げることもできる。

世界を明るく照らすことはできても

「あらゆるものに目的がなければいけないのか？」と神はきかれた。
「もちろん」と人は言った。
「では、これの目的を考えだすことをあなたにまかせよう」と神は言われた。
そして行ってしまわれた。

――カート・ヴォネガット・ジュニア『猫のゆりかご』［１９６３年］
［伊藤典夫訳、早川書房、１９７９年］

カーライルやトルストイ、そしてロマン主義の時代からすでに1世紀半もの時が流れた……それで私たちは、必死に探し求めてきた「人生に意味はあるのか」という問いへの答えに少しでも近づいたのだろうか。

残念ながら、近づいたとは言えないだろう。科学的な世界観が普及したおかげで、環境を制御する能力や病気と闘う能力は飛躍的に高まった。生活を向上させる道具、機械を次々に作り出すこともできるようになった。人類の歴史でも他に類を見ない素晴らしい時代かもしれない。だが、その一方で、人間は2世紀前から存在する穴をいまだに埋めることができていない。科学的世界観では、人間に特別な価値があるようには見えないし、人生に意味を与えることもできない。科学の問題は「世界を照らす松明《たいまつ》にはなるが、新たになにかを作るためのハンマーにはならない」というカーライルの言葉によく表現されている。*107

どうしようが自由だと言われても、いったいなにに価値を見出せばいいのか、人生の意味をどのようにして見つけ出せばいいのかはよくわからない。なにもないところから人間の価値を作り出すことは、ニーチェやサルトルなどの実存主義者たちが考えたよりも難しいことだとわかった。人間は伝統の足かせからついに自由になり、自らの意思で自分を自由に動かす存在、いわゆる「超人」になることが可能になったと実存主義者は考えた。超人とは、凡人を縛る狭量な道徳規範を超越した個人のことである。この超人であれば、自らの価値を自分の手で作ることもできるはずだった。ところが実際には、そんな人はほとんどいない。価値を作れない人は、誰かからそれを与えられることを望むようになる。かつて個人の社会における位置は、聖職者や部族の長老、共同体の指導者などが定めるものだった。現代では、自己啓発書の著者や、利己的な政治家、広告主、ニセ予言者などがその代わりを務めるようになった。世界観は確かに新しいものに変わったのだが、私たちはそれを喜んでいいのかわからず、信用していいのかもわかっていない。

中世の魔法にかけられた世界観から、近代の、魔法が解けた、人間中心の、懐疑主義的な世界観への移行には何世紀もの時間が必要だった。しかし、個人は自分の一生の中でこの移行を経験しなくてはいけない。おそらく、ほとんどの人は、人生の中のごく限られた期間で急激に世界観を変えることになるだろう。人類全体としての移行は、単なる歴史上の出来事として興味本位で眺めることもできる。だが、個人の世界観の移行は悲劇的な影響をもたらすことも多い。変化のあまりの大きさに圧倒され、危機的な状態に陥る人も珍しくない。幸い、この苦境から脱出する方法はある。人生の意味、永続的な意味を見つけ出すこと、あるいは作り出すことは今も不可能ではない。気づいていないかもしれないが、人は皆、その力を持っている。

第7章

There Is Meaning
with or without
the Meaning of Life

普遍的な人生の意味と個人的な人生の意味

人生の普遍的な意味を探そうとすると、必ず、意味などない、という結論に達することになる。誰の人生にも意味はある。その意味は私たちが自分自身に与えるものだ。個々の小説にそれぞれの読者が意味を与えるようなものだろう。あらゆる人の人生に意味があるような小説を書こうとしても絶望するだけだ。それはばかげたこと、不合理なことだ。広大な宇宙全体にとって意味のある小説は書けない。ただ、誰か一人の人生の文脈の中で意味を持つ小説なら書ける。

——アナイス・ニン『アナイス・ニンの日記』［1966年］

宇宙にかけられていた魔法はすでに解けてしまった。だが、それでも人間は人生に意味を求めている。この難しい状況から抜け出す方法はあるのだろうか。幸いなことに方法はある。そのためにはまず、「人生の意味」という言葉には少なくとも2つの意味があることを知る必要があるだろう。

「人生に意味はあるのか」と問うとき、人は普通、普遍的な意味を知りたいと思っている。あらゆる人の人生に共通する意味はあるのか、と問うているわけだ。すべての人の人生に外から与えられた目的があれば、と思っている。目的を与えるのはおそらく神や宇宙など、人間を超越した存在ということになるのだろう。しかし、そのような超越的な存在などないとすでにわかっている以上、この問いは無意味である。過去の人たちは宗教に頼っていた。人生の意味を知りたいと思えば、自分の信じる宗教の教典——たとえば、キリスト教徒ならば聖書、イスラム教徒ならコーラン、ヒンドゥー教徒ならバガヴァッド・ギーターということになるだろう——を紐解《ひもと》けばよかった。そうすると、神の大きな計画の中での自分の位置、役割を知ることができた。宇宙における自分の地位、生きる目的などもよくわかった。人々の上に立つ権威が人生の意味を与えてくれたわけだ。

だが、人生にはもう1つの「意味」がある。それはもっと個人的な意味だ。自分の人生を「意義深い」と感じさせてくれるもののことである。*108 それがあることで、私たちは自分の人生の意味を体験することができる。それがすべての人に共通する普遍的なものである必要はまったくない。自分の人生を捧げるのに値するほどの価値があると個人的に思える目標、目的であればいい。それをどこかで見つけるか、自分で作るかすれば、人生を生きる価値のあるものにできる。

普遍的な人生の意味を見つけることは、おそらく宗教への信仰がなければ不可能だろう。なにか超自然的な存在を信じない限り、普遍的な人生の意味など、どこにも見つからない。*109 しかし、個人としての人生を価値あるもの、意味あるものにするのに、特に信仰は必要ない。個人の人生はともかくまず、自分が個人的に体験するものである。客観的に観察するものではない。生きていて意味があると自分が感じればいい。客観的に見て意味があると判断できるかどうかは関係がない。普遍的な人生の意味を探し求める旅はすぐにやめて、個人的に自分の人生に意味を感じるにはどうすればいいかだけを徹底して追求したほうがいいだろう。

普遍的な人生の意味はどうしても抽象的で実生活から離れたものになりがちだが、

個人的な人生の意味はそうではない。日常生活のすべての行動に関わる。個人的な人生の意味が明確にわかっていれば、なにか選択をしなくてはならないときに、たとえそうと意識していなくても、自然にそれに合った選択をするはずだ。大小を問わず、必ず自分の人生がより価値のあるもの、より意味のあるものと感じられるような選択をすることになるだろう。選択の根拠となるような明確な論理はないかもしれないが、なんとなくどれを選ぶといいかはわかるはずだ。また日々、生きて経験を積むうちに、どうすれば人生を価値あるもの、意味あるものと感じられるかがわかってくるだろう。人生に意味ある瞬間は数多くある。長く会えなかった親友と再会してハグをするとき、家族のために美味しい食事を用意するとき、チームでなにか重要な仕事を成し遂げたとき。あるいは、好きな趣味に打ち込んでいるときや、本当に困っている誰かを助けられたとき。そういう瞬間には、人生が意味あるものと感じられる。なぜそう感じるのかを説明する必要はない。ただ私たちは、先天的にそういう瞬間を意味あるものと感じるようにできているのだ。

人生の意味というと、どうしても「上から与えられるもの」という意識があるのが問題なのだろう。そして、客観的に、誰の目から見てもわかるような、論理的に正当性が証明できるような意味がないといけないと考えがちなことも問題だ。しかし、客観的な判断など実際には必要なく、本当は誰もが経験上、知っていることである。人生の意味は自分の心の中に生じるもので、自分の外にはない。人生の意味は、優しさや思いやりなどと同じように、自然に心の中に生まれる。自分のことを客観的に見る必要などなく、ただ、自分の心を見つめればいい。これまで生きてきて、自分はどういうときに人生に意味を感じられたかを自問するのだ。[*110]

個人的な人生の意味にだけ目を向ければ——意味があると心で感じられる体験が重要だと考えれば——自分の人生にはすでに意味深いものが数多くあると気づくだろう。なぜ意味深いのか合理的な説明はできなくても、意味深いと感じられるものは多い。ジャン＝ポール・サルトルは実存主義運動の中ではスター的な存在だったが、人生の意味について的確なことを言ったのはむしろ、シモーヌ・ド・ボーヴォワールのほうだろう。ボーヴォワールの業績は過小評価されているように思える。サルトルは、他者から完全に独立し、自立した個人は、無から自分の存在価値を作り出すことができるとしたが、それは幻想にすぎなかった。ボーヴォワールは、一人ひとりの個人が、自分の生きる状況にどのくらい深く関わっているかが重要だと言った。[111] ボーヴォワールも、サルトルや他の実存主義者と同じように、人生の価値を外から与えられることを望むべきではない、とは考えていた。また、人生が価値あるものだとしたら、それは自分以外の誰かが価値あるものにしてくれたからではなく、人生が価値あるものだと思えるような体験をしたからだ、と考えた。だが、ボーヴォワールにとって、人生の価値は無から作り出すものではなかった。個人にはそれぞれ生来の願望があり、それぞれ明確な理由はなくても価値あると思えるものを持っている、というのがボーヴォワールの考え方だった。極端な実存主義は、「人を無意味な苦痛の中に、空虚な主観性の中に閉じ込めてしまう」ものであり、「人に選択のための基準を与えることはできない」とボーヴォワールは言っている。[112]

人は皆、特定の境遇の中にいる。その境遇の中で、自分なりの価値観や信念、願望を持っている。人生の中でなにを経験するにしても、それが前提となるのだ。それを前提とした上で、経験を通じて倫理的に成長し、より良い価値観を探していけばいい。成長するというのは、つまり、自分の価値観、目標、使命などに適宜、修正を加えていくことだ。ボーヴォワールは「人は自分の存在の曖昧さを打ち消してはいけない。むしろその曖昧さを認識し、受け入れることが大切だ」と言う。[113] 人生の客観的な意味を探すのでもなく、無から意味を作り出すのでもなく、自分が今、なにに、どうすることに価値を感じているかを知り、それを踏まえてさらに成長を目指す。「曖昧さ」を受け入れるとは、自分の現在の感覚を絶対視せず、謙虚でいるということだ。つねに新しくなにかを学び、成長できる余地を残すということである。それこそが、意味のある人生を歩む道だろうと私も考える。*114

人生を意味深いものにしたいと考えるのなら、「宇宙の起源とはなにか」というような〝形而上的《けいじじょう》〟な問いを立てるべきではない。それよりも、とにかく自分が実際に生きてきた経験から始めるべきだろう。自分が今いる場所から始めるのだ。まず自分の最近の経験を振り返ってみる。どういう経験を意味深いと思い、どういう経験に意味がないと思ったかを考える。それがわかれば、どうすれば今後、意味深い経験を最大限増やすことができるかを考えてみる。たとえば、ある人と時間を過ごすことが最も意味深いと感じられるのなら、どうすればその人と過ごす時間を増やせるかを考えるのだ。また、ある仕事をしている時間が他の仕事をしているより意味深いと感じたとしたら、その仕事をする機会を増やすことを第一に考えて、今後の進路を決めればいいだろう。自分の経験から出発すれば、人生をより意味のあるものにし、充足感を高めることができる。最近の経験を振り返ってもやはりどうすればいいかわからない、という人がいるかもしれないが、心配はいらない。次の章で詳しく書くが、多くの人が意味深いと感じる経験にはいくつか共通点があるからだ。それを知ればきっと手がかりになるだろう。

誰もが普遍的な人生の意味を追い求めると、皮肉にも、人間は互いにばらばらになってしまう。自分の考えが正しいと決め、それ以降、自分を疑うことを怠れば、考え方の違う他人との距離は離れ、孤立が進んでいく。あなたの信じる人生の意味と、私の信じる人生の意味が異なる場合、その違いを尊重する姿勢がなければ、私たちの間には簡単に深い溝ができてしまう。現在のようにグローバル化が進み、文化も信仰も違う人と関わる機会の増えた世界では、もはや頑《かたく》なに自分にとって普遍の人生の意味だけを信じ続けるということは不可能だ。しかし、日常の中で意味深いと感じる経験は、文化的な背景が違っていても皆、驚くほど共通している。世界中の人が、実はだいたい同じようなことに意味を感じる。現代においては、地球上のどこに住んでいたとしても、昔に比べれば生活する環境が似通ってきているせいもあるだろう。つまり、ほとんどの人が意味を感じられるなにかを見つけ出すことが、現代の私たちにとっては重要ということだ。共通点を多く見つけることができ、お互いへの理解が進めば、他者への思いやりや寛容の心も育つのではないだろうか。次に、文化を問わず私たち人間が共通して意味を感じるのは具体的にどういうことなのかを詳しく見ていこう。

苦しみ、死と直面したときに生きる意味を見つける

私たちは皆、人間であり、人間である以上、どこかの時点で苦しみを経験することは避けられない。また、人が経験する苦しみの大きさは皆、同じではなく、そこに不公平があるのはしかたがないことだろう。そして悲しいことではあるが、すべての人に共通しているのは、いずれ死んでしまうということだ――それは誰も避けられない運命だ。あの世、天国、地獄、そういうものが実際に存在するかどうかは誰にもわからない。だが、そういう死後の世界を信じていようがいまいが、ともかく誰もが死ぬことには変わりがない。そんな恐ろしい現実を目の前にして、人生に意味を見出すにはどうすればいいのか。たとえどう生きたとしても、最後の最後に

死という大変化が待ち受けている。それが意味を見出す上で大きな障害になる。そもそも苦しみや死に意味はあるのだろうか。

「人生の意味とはなにか」という問いを一種、宗教的なものと考える人は多いだろう。だが、その人がなにをどう信仰していても、苦しみや死は人にとって絶対に避けられないものである。その事実を受け入れてはじめて、すべての人に共通する人生の意味について考えることができるだろう。苦しみや死を避けられない、絶望的とも言える条件のもとで、生きる意味をどう見出せばいいのか。当然だが、この本では、苦しみそのものを和らげる方法を提示することはできない。人生の恐ろしさ、悲劇は厳然として存在する。それを直視せず、「そんなものは苦しくない」などと言って、自分を騙すことは不可能である。しかし、だからといって、「苦しみばかりの末に、いずれ死んでしまうのだから、人生には結局、意味なんてないのだ」というふうに考えてしまうと、苦しいことがさらに苦しくなり、向き合うことがさらに難しくなる。

そのようなひどい状況でも、なにかしらの希望や意味を見出すにはどうすればいいのだろうか。ヴィクトール・フランクルは著書『夜と霧』の中でこう書いている。

「大事なのは、人間の持つ最高の可能性を見出すことである。それこそが個人の悲劇を勝利へと変え、その人の苦境を偉業へと変える。もはや自分の置かれた状況を変える術《すべ》はないというときであっても――それはたとえば手術のできない癌など不治の病にかかったときだ――私たちは自分自身を変えることができる[*115]」もちろん、そんなときに自分を変えるのは容易ではないが、あまりにも悲惨な状況ではそれだけが希望になる。

人生に意味を見出す上で、最も妨げになるのが死である。もし永遠に生きられたとしたら、間違いなく人生に意味を見出せるのに、と思う人もいるだろう。遅かれ早かれすべてが消えてしまうのに、必死になってなにになるのか、と思うのは無理もない。第2章でも書いたが、人生の有限性は、私たちが直面する人生の大きな不条理のひとつである。いくら言葉を尽くして、人生には永遠の意味がある、などと説いていたとしても、「でも死んでしまえば終わりだ」と反論されると、そこで話が終わってしまうことも多い。だが、なにかが意味を持つためにはそれが永遠でなくてはならないのだろうか。そんな必然性はまったくないと私は考える。たとえば、小さな子供が川で溺れていたとしよう。あなたはとっさに川に飛び込んで子供を助ける。この英雄的な行為が価値あるものであることは確かだろう。その子供の人生を大きく変えたのだから、意味あることであるに違いない。その子供も、いずれ、80年ほどの時間が経てばやはり死んでしまうのだが、たとえその事実があったとしても、行為の価値が減るわけではないだろう。遠い未来に死ぬにしても、それまでにはいろいろなことをし、いろいろなことを体験するはずだ。あなたの行為はそれを子供に与えたのである。子供はその後、健康で長生きをし、素晴らしい仕事をするかもしれないし、愛する家族と良い友人に恵まれるかもしれない。どれもあなたが子供を助けなければなかったことだ。あなたの英雄的な行為は、子供自身の人生だけでなく、その子供に関わるすべての人――子供の親、兄弟姉妹、友人たち、将来の家族――の人生を変えることになる。

人生に意味が生じるのは、生きている間であり、生きたあとではない。人間は過去を振り返ることも未来に思いを馳《は》せることもできるが、真に人生を体験できるのは現在だけである。過去は、現在に体験したことの記憶の寄せ集めにすぎない。未来は、現在に希望したこと、予測したことの投影でしかない。哲学者のグレゴリー・パパスは「未来の予想も、過去の回顧も、現在の観察も、すべては今、このときにしていることであり、現在のためにしていることである」と言っている。[*116] パパスは、哲学者ジョン・デューイが人生の意味について述べた際の「だから、現在の体験の意味が増すような行動を取るべき」という言葉を引用し、彼自身もそれに賛成している。[*117] 今、このときに意味があると感じられる体験をすることこそが人生の意味ということだ。過去や未来はひとまず関係がない。ともかく今、ここで意味があると思える行動を取ればいい。2020年に体験した意味が、2030年の自分に奪われるということはない。人生は瞬間の集積である。その中には意味深い瞬間もあればそうでない瞬間もある。瞬間は一瞬で消え、永遠に続くわけではないが、だからといって意味がなくなるわけではない。アリストテレスはこう言っている。「善は、永遠に続けばより善くなるというものではない。それは、1日だけもつ白より、永遠に続く白がより白いわけではないのと同じだ」[*118] これは人生全般に言えることである。あなたの体験していることの意味は、いつなのかわからない未来の時点に突然、決定されるわけではない。その意味は毎日、決定される。それが生涯繰り返される。あなたの個人的な人生の意味は、あなたが生きている間にだけ体験できるものである。

自分はいずれ死ぬから人生は無意味と思うのではなく、いずれ死んでしまうからこそ、かえって人生は意味深いもの、他に替え難い価値を持つものと考えることもできるのではないか。自分が地上にいられる時間は限られているのだから、余計に日々を大事にしなくてはいけないと思うこともできる。一度、死にかけて助かった人——重い病気を克服した人など——は、自分の存在が有限であることを強く意識するようになる。そして、そのあとは人生が大きく変わることが多い。人生における優先順位が変わるからだ。

本来なりたい自分と、現実の自分がかけ離れていることに気づき、愕然《がくぜん》とすることもあるだろう。だがそのあとで、人生において本当に大事なことはなにかを先延ばしせずに真剣に考えるようになる。そしてなにかしたいことがあるのなら、すぐに始めるべきだと気づく。古代のストア派哲学者も、20世紀の実存主義哲学者も、仏教徒も、人生において死を意識することの重要さを強調している点は皆、同じである。「メメント・モリ（自分はいつか必ず死ぬということを忘れるな）」は西欧において長く重要とされてきた考え方だ。人生は短い。劇作家のサミュエル・ベケットは自身の戯曲『ゴドーを待ちながら』でこう書いている。「女たちは墓石にまたがって子供を産む、少しの間は日が輝く、そしてまた夜が来る。それだけだ[*119]」なによりもいいのは、まだ日が輝いている間に人生における重大な決断をしてしまうことだ。残りの年月には、そうするだけの価値が必ずある。

だが、自分の残りの日々を確実に意味あるものにするためにはどうすればいいのだろうか。その問いに答える前に、まず人間の日常の体験を意味深くする要素にはどのようなものがあるかを見てみよう。

この本を死ぬまでに読めるのか

私自身には、死にかけて助かったという経験はない。私の場合、自分が死ぬということ、地上にいられる時間が限られていることを認識したのは、主に本を通じてだ。同じような人は少なくないと思うが、私も本が好きなので、どうしても身の回りに大量の本がたまってしまう。その中には、必ず読まなくては、と思って買ったものもあれば、いずれ読めればいいな、というくらいの気持ちで買ったものもある。あるとき、引っ越しをすることになったのだが、新居のアパートは狭く、どうしても持っている本をすべて収めることはできないとわかった。そこで私は我に返ったのだ。このままだと、バルタザール・グラシアンの『賢く生きる智恵《ちえ》』も、グンナー・ミュルダールの『福祉国家を越えて——福祉国家での経済計画とその国際的意味関連』も、マルセル・プルーストの『サント=ブーヴに反論する（Contre Sainte-Beuve）』も読まないまま墓に入る可能性が非常に高いと気づいた。それだけではなく、持っている本の多くはきっと読まれないままに終わるだろうと思った。私は地下室の書棚の前に立ち、人間の存在が有限であることを実感したのだ——開かれないままの本たちのおかげで。大げさなようだが、私はそのとき、並んでいる本の背表紙に1冊ずつ手を触れてみずにはいられなかった。別れの挨拶のつもりだった。

読める本の数は限られている。それに気づいて、私は自分の命の有限性を実感したわけだが、同じようなことは誰にでもあると思う。たとえば私の友人は、お気に入りのレストランで好きなステーキを食べられる回数があまりに少ないことに気づいた。その店に彼は年に3回くらい行く。あと30年生きるとしても、ステーキを楽しめる回数はもう100回にも満たないのだ。〈ウェイト・バット・ホワイ〉というウェブサイトの作者として有名なティム・アーバンは、まだ30代前半と若いが、好きな海水浴——1年に1回行くことにしているらしい——を楽しめる回数があまりにも少ないことに気づいて愕然とした。「自分が海に行けるのは多くてもあと60回くらいだと気づいて驚いたのだ」とアーバンは書いている。[*120]

人生はそれほどはかない。すべての一瞬を大切にすべきだ。限られた日々を存分に楽しむためには、人生はこれ1回であり、それが持てるすべてであることをつねに忘れないようにするべきだろう。たとえば、アーバンも提案しているように、仮に90歳まで生きるとして、自分の一生にはあと何週間残っているのかを知っておくことも役立つかもしれない。次のページの図を見てほしい。あなたは、そのうちの何週間を意味あるものにできるだろうか。映画『フェリスはある朝突然に』の主人公、フェリス・ビューラーもこう言っている。「人生はあっという間に過ぎ去る。ときどきは立ち止まって周囲をよく見ておかないと、いろいろなものを見逃すよ[*121]」

ウェブサイト〈ウェイト・バット・ホワイ〉waitbutwhy.com より

第8章

Building a Personal Value System

自分の価値体系を作る

人生にはなぜ価値があるか？　良い質問だ。確かに人生を価値のあるものにしてくれるものはいくつかある。たとえばどんな？　そうだな、僕にとっては、まずグルーチョ・マルクスだな、それからウィリー・メイズ。モーツァルト交響曲第41番〈ジュピター〉の第2楽章、ルイ・アームストロングの〈ポテト・ヘッド・ブルース〉、スウェーデンの映画、そしてもちろんフロベールの『感情教育』、マーロン・ブランド、フランク・シナトラ、セザンヌが描く素晴らしいリンゴとナシ、あとはサム・ウーの店のカニ料理、トレーシーの顔……

——ウディ・アレン『マンハッタン』［1979年］

なにに生きる意味を感じるか、どう生きれば意味を感じるようになるかは人によって違う。それは極めて主観的なことであり、これまでに人生でどのような体験をしてきたかに大きく左右される。生まれつきの性格や、育ってきた環境の影響も大きいだろう。人はそれぞれ、実にさまざまなことに人生の意味を見出している。ある人にとって非常に意味深いことが、別の人にとってはまったくそうでないということもよくある。NFLチーム、グリーンベイ・パッカーズの熱心なファンであれば、高校時代からの旧友たちと日曜日に試合を観戦しに行くことこそが生きる意味かもしれない。ウディ・アレンが映画『マンハッタン』で演じている主人公は、モーツァルト交響曲第41番〈ジュピター〉の第2楽章など、人生を価値あるものにしてくれるものの例をいくつかあげているが、当時のニューヨークの知識人の中には彼に賛同する人も少なくなかったかもしれない。私は少年時代、夏の間はほとんど、ある森の中で過ごしたが、その森の一部は私にとって神聖な場所だった。しかし、私以外の人にとって、そこは単に、岩があり、苔《こけ》が生え、木が並んでいるだけの平凡な森にすぎなかっただろう。とにかく人生に意味を与えてくれるものは無数にあるということだ。それを否定したところでなんにもならない。誰も皆、他人とは違ったものに特別な意味を見出している。生きてきた人生の物語がそれに意味を与えている。

だが一方で、人が意味を見出すものには共通点も多く見つかる。[*122] 人間は進化の産物である。すべての人は同じ進化によって生じたので、やはり共通の性質を多く持っている。だから、どうしても似たようなものに意味を見出しがちだ。それがなにかを知っておけば、人生に新たな意味を見出したいと思ったときにもきっと役に立つはずだ。

動物の好みと人間の価値観

生命が始まる前には、価値あるものは何もなかった。しかし、生命が誕生すると価値も生まれた――だがそれは生命が価値を認識したからではない。(何かを特別に)大事にした生物が生き延びやすかったからだ。

――シャロン・ストリート『価値の実在論に関するダーウィン主義的ジレンマ(*A Darwinian Dilemma for Realist Theories of Value*)』[2006年]

生物には単純なものもいれば複雑なものもいるが、どの生物にも共通する〝好み〟というものがある。この体験は好きだが、この体験は嫌い、という傾向があるのだ。たとえば、痛みよりも快感を好むし、飢えよりも満腹を好む。生物ごとの独自の好みもあるが、それはこれまでの歴史によってできあがったものである。その生物にとって生存の助けになる体験は好み、生存の妨げになる体験は嫌うようにできている。レイヨウは水たまりを好み、あれば近づいていくが、ライオンの姿がそのそばに見えれば、即座に逃げ出す。人間も例外ではない。人間にも生まれつきの好みがあり、それに従って行動することが生存の役に立っている。人間も、基本的な本能の多くは他の動物たちと共通している。もちろん、人間独自の好みもあるが、それに関しては、哲学者のジョン・デューイが深く考察している。

ジョン・デューイは機能心理学の父とも呼ばれ、20世紀前半の著名な知識人の中でも特に重要とされる一人である。デューイの業績の中でも特に重要なのは、「嗜《し》好《こう》（prizing）」と「評価（appraising）」とを区別したことである。[*123] 前者の「嗜好」というのは、単になにかを別のなにかよりも好む、ということで、これはただ感情によって自然に起きることだ。あらゆる動物はなんらかのかたちで嗜好をする。だが、人間は他の動物とは違い、単なる「嗜好」以上のこともする。人間は「評価」をするのだ。「評価」とは、自分の「嗜好」するものを詳しく吟味することだ。そして、それのなにが自分にとって価値があるのか、意味があるのかを判断する。自分が好むものが存在するだけで満足せず、なぜ自分がそれを好むのか、それを好む正当な理由があるのか否かを知ろうとするわけだ。詳しい吟味に耐えてはじめて、その「嗜好」は正当なものと認められる。この「評価」には、個人がする「評価」と、社会全体がする「評価」とがある。いずれにしても、その結果が、人間の行動、態度に大きく影響することになる。動物には、本能的な「嗜好」と、学習による「嗜好」がある。後者は、「原始的な評価」と言ってもいいだろう。だが、真の意味での「評価」をするのは人間だけだ。人間は、なにかが良い理由を意識的に理解した上で選び取ることができる。ただし、評価の基準は、人間の体験の外にあるわけではない。あくまで根拠になるのは自分の体験で、それに照らして良いとみなせるものを高く評価することになる。

人間の価値観は信頼できる道具だ。[*124] 私たちは日々、この価値観をさまざまな決断に役立てている。また、社会規範、道徳規範を守ることにも役立っている。ただ、価値観はあまりに強くなりすぎ、一種、神聖なものになってしまうこともある。それで人生のすべてを決めてしまうこともあり、極端な場合には、価値観のせいで死を選ぶことすらある。価値観は、自分の存在を意味あるものにするための基礎になる。それがない人間は動物のようなもので、なんの制約もなくただ本能に従って行動する。価値観は私たち人間の存在を、動物よりも高いところまで持ち上げ、人間をただ本能によって生存だけを目的に生きる以上の存在にしてくれる。映画『それでも夜は明ける』の主人公、ソロモン・ノーサップ（映画の原作となった自伝を書いた実在の人物）の「私はただ生き延びたいのではない。私は生きたいのだ」というセリフは印象的だ――ただ生き延びているというだけでは、私たちの人生は価値あるものにはならない。従う価値のある価値観を持つことができ、それに従って生きることができれば、私たちは自分の人生の中に、生きる意味を強く感じられる。

だが現代は、それだけの強固な価値観を持つのが難しい時代かもしれない。昔は、自分の生まれ育った土地の文化が、従うべき価値観を与えてくれるのが普通だった。現代は、誰もが自分の価値観を自由に選べる時代である。どうすれば、その自由を正しく行使できるだろうか。それに従ってさえいれば自分は意味ある人生を送っていると信じられるだけの価値観を持つことは可能だろうか。

自己決定理論――生理的な欲求から心理的な欲求へ

自己決定理論は、エドワード・デシとリチャード・ライアンが共同で打ち立てた理論だが、その後、何百もの実験によって正しさが確かめられ、人間の欲求、動機に関する理論の中では特に信頼の置けるものになった。この理論の基礎にあるのは、人間とは生来、好奇心が旺盛で意欲的で、成長を好む存在であるはずだ、といういたって単純な考えである。人間はただ環境からの刺激に反応して生きているのではなく、成長のために積極的に自らを律することができ、自分の内なる動機、目標、価値観に忠実に従って生きることもできるはず、という考えだ。[*125] つまり、人間を能動的な存在ととらえていると言ってもいいだろう。人間は世界の中で自分がどう生きるかを自分で決める。単に、生理的な欲求を満たすこと――たとえば、食べ物、水、安全な住《す》み処《か》を確保すること――のために世界を観察しているだけではない。

私たちは、誰に指図されなくても、自然にそれ以上のことを人生に求める。自己を表現すること、成長すること、能力を活《い》かすこと、他者とのつながりを感じることなどを求めるのだ。人間はただ生存しているだけでは満足できない。能動的な生き物である人間は、自然に自分に課題や目標を課す。自分から新たな問題を見つけては、それを解決する方法を探す。それまでの自分の限界を乗り越えようとする。私たちはつねに、デシとライアンが「基礎的な心理的欲求」と呼んだものを満たすべく行動するのだ。デシとライアンはこの欲求を「人間がつねに成長し、満足し、幸福でい続けるのに欠かすことのできない心の栄養」だと言っている。[*126] ドングリが健康なオークの木へと育っていくには土と日光と水が必要だが、それと同じように、人間は心理的に健康な個人へと育つために必ずある種の体験を必要とする。

　基礎的な心理的欲求を満たす体験とは、それによって気分が良くなり、より良い人生を送れていると感じられるような体験のことだ。たとえ少しの間であれ、その欲求が満たされないと、人は気分を害し、不安に陥る。だが欲求が満たされたときには、単純に気分が良いだけではなく、なるべき自分になれたという満足感、幸福感が得られる。この欲求があるからこそ、私たちはそれに促され、自分を成長させるような行動を取れる。成長をしたからといって、直接、生存に結びつくわけではなく、生理的欲求を満たすわけでもないが、それでも私たちは成長を目指す。また、自分の価値を高めたい、自分に価値を感じたいという動機で能力を高め、良い人間関係を築くべく努力をしていると、後に困難に直面したときにそれが役立つ場合もある。幸い、自分を成長させるための行動は、それ自体が楽しいものである場合が多い。ともかく、自分の本質的な価値を高め、心理的欲求を満たすための行動を取ることが、人生を意味あるものにする秘訣《ひけつ》と言えるだろう。

基礎的な心理的欲求を満たし自分の価値を高める

自己決定理論では、基礎的な心理的欲求は大きく3つに分けられるとしている。自律への欲求、能力への欲求、関係への欲求だ[*127]。3つの欲求が満たされると、人間は幸福感を得ることができ、生きる意欲を高めることができる――そして、人生に意味を感じられる。

自律への欲求とは、自分自身の人生の作者になりたいという欲求だ。自分の意思、嗜好に従って人生の選択をし、個人的に興味を感じられる活動に取り組み、自分を表現し、自分にとって価値のある目的を追求する。能力への欲求とは、文字どおり、自分の能力に自信を持ちたいという欲求である。取り組んでいることをうまくこなせる能力、間違いなく目標を達成できると思える能力を持ちたいと望む。もちろん、能力は固定的なものではなく、学習や訓練によって高めることができる。関係への欲求とは、他人とのつながりを持ちたい、他人を世話したい、他人に世話をされたいという欲求だ。この3種類の欲求が満たされたときには、人生に意味を感じられる可能性が高くなる。ただ、それ以外にも大切な要素がある。

私たちが実際にどういう存在なのか、また私たちの心、感情の構造がいかに複雑なのかを知ることではじめて、意味ある人生とはどういうものかを問うことができる。

――ジョナサン・ハイト『しあわせ仮説：古代の知恵と現代科学の知恵』［2006年］

〝慈善〟という言葉がある。これは、簡単に言えば「良い行い」のことだ。他人の人生、あるいは社会、世界全体に影響を与える行いである。[*128]人間の心は慈善を求める。慈善には、友人を笑顔にするくらいの些細なものもあれば、火事になった建物から人を救い出すというような、誰かの人生を変えるほどの重大なものもある。大小を問わず、自分が生きていることや自分の行動が、世界に良い変化をもたらしたと感じ、自分が重要な存在だと感じられれば、私たちは人生に意味を見出せる。慈善への欲求は今のところ、人間の基礎的な心理的欲求のひとつだと研究者の間で正式に認められているわけではない。[*129]だが、慈善の行為によって、人間が幸福感と人生の意味を感じることは確かだ。人生を意味深いものにしてくれる、という意味では、慈善も、自律、能力、関係と同等に扱ってもいいのではないかと私は考えている。[*130]

人間には必ず生まれつき心理的欲求がある。その欲求を満たせたとき、人間は深い、心からの充足感、満足感を味わうことになる。次に重要なのは、その欲求を満たすこと、そして充足感を味わうことを、自分の価値観の中心に据えることだ。それを人生の指針にすると言ってもいい。[*131]生来の心理的欲求には必ず、それを正当なものとするような価値観が伴っている。その価値観に沿って行動すれば、人生に意味を感じることにつながる。たとえば、自律への欲求には、信頼や自己表現を良しとする価値観が伴っている。また能力への欲求には、なにかに熟達すること、優秀になることを良しとする価値観が、関係への欲求には、所属を良しとする価値観、慈善への欲求には、他者への貢献を良しとする価値観が伴っているのだろう。

意味ある人生を送りたいと望むのであれば、是非とも、この4つの欲求に応えるべく行動すべきだと私は考える。そうすれば自分の心に良い影響を与えるだけでなく、自分の個人としての人生、自分の生きる社会を良い方向に動かせるからだ。どれも人間の生まれつきの欲求であり、その正当性は間違いのないものなので、応えるだけの価値は必ずある。またこれらは、文化、宗教、経済環境などの違いを超えて、すべての人間に共通する欲求だ[*132]。だから、背景の違うさまざまな人たちとつき合っていく上でも役立つだろう。どの国で生まれ、どの宗教を信じていても、人間の基本的な性質は共通している。それを基にして、人生に意味と価値を見出すことができる。しかも、基礎的な心理的欲求に応えるような行動を取ることはそう難しくない。

人は自分の求めるものを得る

願いごとをするときは気をつけて。かなってしまうかもしれないから。
——ことわざ

人間の願いや目標は実にさまざまだ。これまでの研究でわかっているのは、その願い、目標が人間の生来の基礎的な心理的欲求に合うようなものであれば、幸福感を高め、人生に深い意味を与えるのに役立つということだ。だが、一方で、基礎的な心理的欲求に合わない願いや目標を追求すると、人は不幸になる可能性が高い。

リチャード・ライアン、エドワード・デシ、クリストファー・ニーミックはロチェスター大学である調査をした。私がまさにその大学に着任する1年前のことだ。3人は卒業を目前に控えた学生たちに、人生の目標を教えてほしいと頼んだ[*133]。学生たちの目標の中には、人間の基礎的な心理的欲求に合うものも多かった。たとえば、他人と良好な関係を築く、共同体に貢献する、人として成長する、などだ。ところが、中には、基礎的な心理的欲求とは無関係の、外から与えられたような目標も少なくなかった。たとえば、裕福になりたい、外見を良くしたい、などだ。1年後、卒業した学生たちに連絡を取り、今のところ目標がどの程度、達成できたかを尋ねた。すると、立てた目標によってその後の人生が大きく違っていることがわかった。やはりどの卒業生も自分の立てた目標に少しでも近づくように生きていたのだ。他人と良好な関係を築くことを目標にしていた人たちは、実際に周囲の人たちとの関係が深まったと感じていた。一方、外見を良くしたいと言っていた人は、確かに自分の外見が以前より良くなったと感じていた。なにも驚くことはない。なにかを重要だと感じれば、それを得るために努力をするのが自然だし、努力をすれば、目標に近づく可能性は高いだろう。だが、目標に近づくことが幸福につながるかどうかは別の問題だ。人間の基礎的な心理的欲求に合う目標を立てた人たちは、目標に近づいたことで総じて幸福度が増したと感じていた。ところが、基礎的な心理的欲求と関係ない目標を立てた人たちを調べると、目標に近づくことが必ずしも幸福度の向上に結びついておらず、不安などマイナスの感情が増した人も多かった。富や名声や外見を求めた学生たちは、それが自分にとって重要だからこそ目標にしたのだろうが、せっかく努力して目標に近づいても幸福度は増えず、逆に良くない感情が生まれてしまった。なにを目標に選ぶかは重要である。自律、能力、関係、そして慈善への要求に合う目標を選べば、幸福度は高められる。しかし、そうでない目標を選ぶと、たとえ目標を達成できたとしても、幸福からは遠ざかることになる。

第3部

より意味深い人生のために

第9章

Invest in Your Relationships

人間関係への投資

人の生は、愛情、友情、怒り、同情などを通じ、他者に価値を与えることによってのみ価値を持つ。

――シモーヌ・ド・ボーヴォワール『老い』［1970年］

一人の哲学者がバーに入ってくる。すると、常連客の一人が哲学者に尋ねる。「人生の意味ってなんなのかな」この哲学者とは私だ。私が何者かがわかると、必ずこの質問をされる。あまりに繰り返し同じ質問をされたので、もう私は答え方を決めている。まず、人生そのものに普遍的な意味はないが、一人ひとりが自分の人生を意味深いものにすることはできる、と説明する。そして、自分の人生を意味深いものにするには、自分の存在を他人にとって意味あるものにする必要がある、と言う。そして最後にこう言うのだ。「実に簡単な話ですよ。人生にどういう意味があるかなんて改めて考える必要はないのです。とにかく、自分が他人にとって意味のある人間になればいいのだから。たとえば、友達を助けるのでもいいし、誰か愛する人と特別な瞬間を分かち合うのでもいい。それから、もっと簡単なのは、親切な哲学者に、彼がとても飲みたがっているビールを奢《おご》ることですね」

自分の存在が他人にとって意味があると感じられたとき、私たちは自分の人生に価値を見出すことができる。宇宙は確かになにもない静寂の場所かもしれないが、家族や友人、同僚たち、地域の人たちは、その声とエネルギー、活力で私たちの人生を満たしてくれる。私が最も意味を与えられる人々は、同時に私を気にかけてくれる人々でもある。哲学者のアンティ・カウピネンも言っているとおり、私の愛する人たちにとって、私はかけがえのない存在なのである。子供にプレゼントを買ってやることは誰にでもできるが、そのプレゼントがたとえなんであっても、「その子の親からもらった手作りの贈り物の代わりには決してならない」とカウピネンは言う。*134 私たちは、親しい間柄の人にとっては、ただ存在するというだけで他に替えがない特別な役割を果たすことができる。

私たちがよく知っているとおり、人間は社会性動物だ。1995年に『サイコロジカル・ブレティン』誌に掲載された有名な総説論文「所属の必要性（*The Need to Belong*）」で、ロイ・バウマイスターとマーク・リアリーは、以後、広く受け入れられることになった――一見、自明にも思える――主張をした。「所属の欲求は人間にとってごく基本的な欲求である」という主張だ。[*135] 人間は集団で生きるよう進化しており、他者と関わり合いながら生きるようにできている。他者と強い社会関係を築きたいというのは、人間の根本的な本能である。

人間には社会的な性質があるが、それはただつねに他者と関わり合うという以上のものだ。人生の中心には、つねに自分自身ではなく、自分の属する集団が置かれる。心理学では、他者と緊密な関係にあることを、「他者を自己の一部にしている」状態とみなしている。[*136] 神経学の研究により、愛する人のことを考えると、脳内では、自分のことを考えた場合と同じ領域が活性化するとわかっている。それは、見知らぬ他人のことを考えた場合には決して活性化しない領域だ。[*137] 人間の脳はあらかじめ社会生活に対応するべく作られているのだろう。人間は他人とともに生きるようにできているのだ。フランスの哲学者、モーリス・メルロー＝ポンティはそのことを「私たちは皆、互いにとっての協力者であり、見事な互恵関係にある。私たちの視野は他人の視野と混じり合っているし、共通の世界の中に共存している」と表現している。[*138]

西欧社会に住む私たちは、個人主義的な文化に慣れていて、自己と他者を明確に分けることを当然だと思っている。しかし、それはあくまで文化の影響であり、人間が生来持っている性質とは違う。人間は、自分自身の幸福を願うのと同じくらい、自分と近しい人たちの幸福を願うものである。そして親になると、自分自身のこと以上に、子供のことを気にかけるようにもなる。生物学、神経学、進化生物学、社会心理学、行動経済学、霊長類学など、科学の多くの分野で、人間は他人と緊密で思いやりのある関係を必要としているという証拠が見つかっている。また、自己と他者を分ける境界線が非常に曖昧なものであることもわかってきている。

多数の証拠から、人間関係が人生の意味の源なのは明らかだろう。フロリダ州立大学のナサニエル・ランバートは、大学の学部生を一定数集め、「自分の人生を意味深いものにしてくれるものを1つ選ぶとしたらなんですか」という質問をした。

すると回答者の約3分の2は、家族のうちの誰かの名前をあげるか、もしくは単に「家族」と答えた。[*139] 次に多かった回答は「友人」だった。ピュー研究所の調査でも同様の結果が得られている。4000人のアメリカ人に「あなたの人生に意味を与えてくれるものはなんですか」と質問したところ、回答者の69パーセントは家族と答え、19パーセントが友人と答えた。[*140] 他にも同じような調査は行われているが、必ず、家族や友人などへの親しみの感情が人生の意味を感じることに深く関わっているという結果になる。自分と強く結びついていると感じる人のことを考えるとき、人生により深い意味を感じる人が多いのだ。[*141]

家族、友人などとの緊密な人間関係が多くの人にとって人生の意味の源泉になっているならば、またその反対のことも言える。社会的に疎外されると、人生は無意味だと感じやすい。たとえば、タイラー・スティルマンはこんな調査をしている。まず、第一印象についての調査だと称し、何人かの学生を集める。そして、そのうちの108人の学生に、自分を紹介する数分間の映像を作ってもらう。[*142] 表向きは、この映像を別の学生たちに見せ「この人に会いたいと思うか」と尋ねる、ということになっていたのだが、実際には誰にも見せることはない。ただ、映像を作った学生たちに、「君に会いたいと答えた人は誰もいなかったよ」とだけ伝える。この調査の真の目的は、誰にも「会いたい」と言われなかった学生がどう反応するかを調べることだったのだが、その結果は完全に予想どおりだった。自己紹介ビデオを作り、誰にも「会いたい」と言われなかった学生たちは、他の学生たちに比べて、人生に意味を感じていないというはっきりした傾向が見られたのだ。

他者との関わりが人生の意味の源であることは、こういう研究結果を知らされなくても、おそらく誰もがわかっているだろう。私は3人の小さな子供たち（これを書いている時点では、2歳、5歳、7歳だ）の父親だが、自分の日々の生活で最も意味深い時間がいつかということは、なにも考えなくてもすぐにわかる。それは、仕事が終わって家に帰り、2歳の子を膝にのせ、5歳の子と激しくレスリングをし、7歳の子と、とても知的とは言えないが驚くほど面白い会話を交わす瞬間である。このように、家族と、お互いを気遣いながら、温かい時間を過ごす。これほど意味を感じるときはない。もちろん、子供たちの世話をする必要がないときに、妻と分かち合う時間も大切だ。お互いの目を見つめ合い、何年も前に恋に落ちたときのことを思い出したりもする。改まってこんなことを書くと感傷的すぎると思う人もいるかもしれないが、そういうふうに人生に意味を感じさせてくれる人たちは大勢いる。旧友、同僚、両親、兄弟姉妹、親戚など。あなたにもそういう人たちはきっといるだろう。

幸い、現代の社会では、昔に比べて親しくなる人の選択肢が増えている。たとえ本物の家族でなくても家族のように親しくなることが十分にあり得る。私の友人の中にも、子供は持たないと決め、その代わりに、自分と同じ考えを持った人たちとの共同生活をしている人がいる。私はサッカー・チームを作っているが、メンバーの中には、チームにとても強い帰属意識を持っていて、そのせいでチームのロゴのタトゥーまで彫ってしまった人が何人かいる。職場の同僚の中には、自分の住む地域の活動に熱心に取り組んでいる人たちがいる。地域の活性化のために進んで自分の時間と労力を注ぎ込んでいる。なによりもまず地域のことを第一に考えているのだ。今は、人間関係を築く相手、人生の意味の源になる相手を自由に選べる時代だ。ただ、これには良い面と悪い面とがある。

共同体は崩壊したのか？

つねに自分のことだけを考え、自分の得になることにしか興味を持たない人は決して幸福に生きることはできない。人は隣人のために生きなくてはならない。それが自分のために生きることになるのだ。

——セネカの手紙［紀元65年頃］

私は以前、ニカラグア東海岸の人口2000人ほどの小さな村で1週間過ごしたことがある。小型のボートでしかたどり着けないような場所にある村だったが、都市の中で慌ただしく暮らす私たちがすっかり忘れてしまった、昔ながらの人間の暮らしを垣間見る《かいまみ》ことができた。生活のペースがゆっくりしていること、自分は共同体の一員であるという強い意識が人々にあることはすぐにわかった。村に着いた日の夜に地元の男性の一人と親しくなり、彼とともに村の中を回ることになったのだが、出会う人の4人に1人くらいは彼のいとこのようだった。誰かに会うたびに私たちは立ち止まり、しばらく話をした。誰も急いでいる人はいない。彼にとって、この小さな村は自分の人生そのものだった。ここで生まれ、周囲の人たち皆をずっと前から知っている。おそらくここで年を取り、ここで死に、両親、祖父母たちと同じ墓地に埋葬されることになるのだろう。村で長く過ごすほど、普段の自分の近代的で、孤立した、仕事第一の生活より、彼らの生活のほうが人間として自然に感じられるようになった。

村の暮らしを理想化しすぎではないか、と言われれば確かにそうだろう。なにしろ私は、ここではよそ者であり、気楽な傍観者でしかない。村で日々どのようなドラマが起きているのかを正確に知っているわけではない。よく知ればきっといろいろと面倒なこと、大変なことはあるのだろう。人間関係のいざこざなどもあるに違いない。この村で病気にでもなったら悲劇である。私たちが慣れ親しんでいるような医療施設はまったくない。ここで生きていくこともやはり楽でないのは間違いないだろう。だが、それでも私は、村人たちの強い絆に驚嘆し、羨まないではいられなかった。村人は誰でも、絶えず古くから知っている人たちに囲まれている。家族も親友も、歩いて行ける距離にいつでもいる。日々出会う顔はほとんどすべて、馴染みの顔である。

歴史が始まって以来、人間はほぼどの時代でも、現代の西欧諸国の市民よりは、この村人たちに近い暮らしをしていた。狩猟採集で暮らしていた部族は、強固で緊密な共同体を築いていた。農耕社会では、人々は1箇所に定住していた。そして生まれてから死ぬまで同じ共同体の中で生きる人がほとんどだった。だが、現代の西欧社会の人々は決まった生活の基盤を持たず、それぞれが孤立している。かつてのように拡大家族が共に生きることは少なくなって、核家族化が進んだ。親戚は近くにはおらず、何千キロも離れた場所に住んでいることも珍しくない。いくら関係の近い親戚でも、物理的に近くにいるわけではないのだ。

ただ近代化によって共同体は衰退の一途なのかといえば、実はそうではない。個人主義の発展によって、過去の狩猟採集民や農民たちには決して作り得なかった新しい種類の共同体が生まれているからだ。生まれ育った土地が同一であること、近くに住んでいることを基礎にした共同体は確かに失われたが、私たちは、自分の個人の価値観や関心に応じて参加する共同体を選ぶ自由を得たのだ。生まれた土地だからといって、必ず自分に合うとは限らない。合わない人がその土地の共同体を一生離れられないとしたら悲惨な人生を送ることになってしまう。しかし、現代では、所属する共同体を自分の意思で移ることもできるので、そういうことは少なくなった。高校や大学に入ればそこの共同体に入ることになるし、就職をすればその職場の共同体に入る。引っ越しをすれば、それまでとは違う土地の共同体に属することになる。そのたびにまったく新しい自分になるということだ。

伝統的な共同体には抑圧的なところがあった。属する者は、一定の規範、価値観を強制されたし、人間の間に厳格な階級があることも多かった。たとえば、女性は男性よりも低い地位に置かれるのが普通だった。欧米では共同体の崩壊が進んでいると警鐘を鳴らす研究者もいる。その中でも、名著『孤独なボウリング――米国コミュニティの崩壊と再生』を書いたロバート・パットナムはよく知られている。だが実のところ、過去数十年の間に本当に共同体が衰退したのか否かは、研究者の間でも意見が分かれていて確かなことはわからない。[*143] 個人主義的な人ほど社会関係資本を多く保有する傾向があるとする研究結果もある。アメリカでは、個人主義的な人ほど、他人を信用しやすく、さまざまな集団に所属する傾向があり、しかも多くの社会関係資本を持つという。国どうしの比較でも同じだという説もある。42カ国を比較した調査では、個人主義が進んだ国ほど、一人の人が多くの集団に所属し、他人を信用する傾向があるという結果が出ている。ユリ・アリック、アヌ・レアロのように、「個人主義は、社会関係資本成長の前提条件である——個人間の自発的な協力関係、協調関係が成り立つのは、個人が自律的で自制心を持ち、成熟した責任感を持っている場合だけである」と言う研究者もいる。[*144]

近代化と個人主義、そして共同体への意識、所属との関係は単純ではない。共同体の中にも、形態によって衰退しているものもあれば、発展しているものもあるだろう。昔ながらの、住んでいる土地を基礎とした生涯続く共同体がすでにほぼ失われたのは確かだ。しかし、その一方で、個人主義の発展とともに、自発的に好きな共同体に参加する機会は増えている。自分と考え方や好みの似た人とともに共同体を作ることが盛んになっているのだ。自分の人生を——また自分の子や孫の人生を——意味深いものにしたいと思えば、私たちはとにかく協力し合い、たとえどのような形態のものであれ、自分たちなりの共同体を作り、育てていく必要がある。人生の意味は人のつながりから生まれるからだ。

幸福感を高め、人生により多くの意味を感じたいのであれば、最善かつ最も簡単な方法は、自分の態度を変えることだ。自分のことばかり考えるのをやめ、他人とつながることにより力を入れるべきだ。

幸福の封筒

セバスチャン・ベッテルは史上最年少でF1のワールド・チャンピオンになった――その後も3年連続でチャンピオンとなって、世界的な有名人、大富豪となっている――が、その数年前、彼の主治医アキ・ヒンツァは、ベッテルに1枚の紙と封筒を手渡した。その紙に、自分の人生にとって最も大事な人たちの名前を書き、なぜ大事なのか、その理由も書くように言ったのだ。ベッテルは言われたとおりにし、その紙を封筒に入れ、封印をした。ヒンツァはその封筒をずっと大切に持っているように言い、こう助言した。「君がこの先、大きな成功を収めたら、きっと大勢の人が君の人生に関わりたがるはずだ……だが、その紙を見れば、誰が真の友人なのかをいつでも確認できるだろう。その真の友人たちとのつながりを保ち続けるようにしなさい[*145]」

ヒンツァ医師はベッテルだけではなく、彼の顧客の多くに同様の助言をしている。ヨットで何カ月間も共に旅をするとしたら、あるいは絶海の孤島で共に過ごすとしたら誰がいいかを考えてリストを作りなさい、と言ったこともある。読者にも考えてもらいたい。ヨットの旅にあなたなら誰を連れていきたいと思うだろうか。あなたは自分にとって誰が本当に重要な人だかわかっているだろうか。ただその人といるだけで元気になり、生きている意味を感じられる、そういう人を的確に見極められるだろうか。自分にとってそういう人が誰かがわかったら、今、その人のためにあなたがどれくらいの時間とエネルギーを使っているかを考えてみよう。また、今、その人と、どのくらい、どのような関わりを持っているかも考えてみよう。自分を偽ることなく、誠実にその人と接することができているだろうか。

ヒンツァ医師の顧客には有能で勤勉で大きな成功を収めた人物が多くいる。ただ、仕事のために大切な家族や友人との関係を犠牲にしてしまった人も少なくない。たとえば、その中には、ある企業の重役がいた。彼は、休みのたびに妻と子供を贅沢《ぜいたく》な外国旅行に連れていっていた。旅先では子供たちにいろいろな冒険をさせ、妻は温泉に行かせた。そして本人は、家族がそばにいない間に、休暇中にもかかわらず仕事をしていたのだ。仮にそういうことがあっても、ごくたまにならば大したことではない。だがいつもそうだと、彼の人生にいずれ大きな問題が起きることになる。確かに冒険ができて子供たちは喜ぶかもしれないし、妻も温泉で過ごせたことに感謝するかもしれない。だが、そういう贅沢をしたことで、家族の親密さが失われてしまう恐れがある。外国旅行をいくら楽しんでも、決してそれは親子関係、夫婦関係の改善にはつながらないのだ。相手が企業の重役でも、アスリートでも、ヒンツァ医師の助言はいつも同じだった。愛する人と過ごす時間を増やすことはなによりも重要、ということである。

フィンランドの研究者、レーナ・ヴァルコネンは、自身の論文のため、11歳から13歳までの子供たちに「自分の親になにを望むか」を尋ねた。すると、最も多かったのは、「自分のために多く時間を使ってくれること」という答えだった。たとえば、12歳のある少年は「両親には、家族が一番大事で、仕事はその次だということをいつも忘れないでもらいたいです」と回答している。他の子供たちの回答もだいたいこれに似ていた。子供たちのほとんどが、親とともにごく普通の日常を過ごすことを求めていた――料理を作る、会話をする、掃除をする、音楽を聴く、キャッチボールをする、散歩をする――そういうことを親とできるのがなにより嬉しいと感じていたのだ。ある子供は「両親はただ、家にいてくれるだけでいいです」と回答していた[*146]。

セバスチャン・ベッテルは、ヒンツァ医師の助言を本当に大切にした。助言をされてから数年後、彼は大きな成功を収め、世界的な有名人になった。少しでも彼と関わりたいと望む人が増えた。しかし、ベッテルは紙に書いた人たちの名前をずっと覚えていて、何年経っても、以前から大事だと思っていた人との関係を意識して守り続けた。名声を得て、マスメディアの注目の的になっても、ごく近しい家族や友人との時間を確保するようにした。ベッテルは子供の頃からの友人だったハンナ・プラターと結婚し、彼女との間には2人の子供が生まれた。たとえどれほど大きな成功を収めようと、意味のある幸福な人生を送るには、自分が心から信用できる人たち、自分の愛する人たちがそばにいることが大切だと彼は知っているのだ。ヨットで何カ月間も共に過ごせる人、無人島で長く共に過ごせる人、なにもない単調な毎日を共に過ごせる人、それが人間にとって重要である。そういう人には、なにがあってもそばにいてもらうべきだ。そういう人たちがあなたの人生をより良いものにしてくれるし、おそらくあなたもその人たちに同じことができるだろう。もし、あなたの愛する人が、あなたの名前を紙に書き、封筒に入れてくれたとしたら、それは最高に幸せなことだろう。

第10章

Help Others,
Help Yourself

他人を助けることが自分を助ける

人間がたとえどれほど利己的なものだとしても、人間の本性になんらかの原理があることは明らかだ。その原理があるために、人間は他人の幸運に関心を抱く。他人が幸福になったところで、その様子を見る以上の喜びは何も得られないのだが、たとえそれでも、人間は他人の幸福を自分にとって欠かせないものとみなすのである。

――アダム・スミス『道徳感情論』〔1759年〕

1945年のクリスマス・イブ。ジョージ・ベイリーは、ニューヨーク州の小さな町、ベッドフォード・フォールズの橋の上から、眼下の暗い水をのぞき込んでいた。自殺をしようとしていたのだ。仕事には失敗し、夢は破れた。酒に酔い自暴自棄になった彼には、死ぬ以外に道はもうないように思えた。

これはフランク・キャプラの映画『素晴らしき哉《かな》、人生!』の一場面だ。映画史に残る名作映画だろう。ジョージ・ベイリーが橋から川へ飛び込む直前に、すぐそばで老人が飛び込む。ベイリーは自分が死のうとしていたことも忘れて、老人を助ける。老人の名はクラレンス・オドバディ。クラレンスはジョージの守護天使なのだが、ジョージはそれを信じず、「自分など生まれてこなければよかった。自分が生まれなかったほうがきっと、皆、幸せになっているはず」と言う。クラレンスは、もし真面目で心優しいジョージが生まれなかったとしたら、世界がどう変わるかを彼に見せる。それは実に恐ろしい世界だった。まず、ジョージの弟はすでに死んでいる。叔父は失業して精神科病院に入院している。妻は独身を通している。ともかく町全体がひどい状況になっていた。それを見たジョージは、自分が家族を含めた町の人たちに良い影響を与えていたことを理解する。ジョージの存在、彼のいくつもの行動、彼が払ったいくつもの犠牲のおかげで、彼の周囲にいた多くの人が幸福になっていた。ジョージは、「もう一度生き直したいので、元の世界に戻してほしい」と天使に頼む。彼が愛する、そして彼を愛する人たちのいる世界に戻りたいと言ったのだ。

すでに書いてきたとおり、他人にとって意味ある存在になれれば、それは自分の人生を意味あるものにすることにつながる。誰かに良い影響を与えることで、その人にとって意味ある存在になることもできる。それも自分の人生を意味あるものにする方法だ。たとえば、ほんのわずかでも世界に貢献することができれば、それだけで自分の人生に意味が生まれる。

たとえば、マーティン・ルーサー・キング・ジュニア、マハトマ・ガンディー、ネルソン・マンデラ、マザー・テレサなどは、世界に大きな貢献をすることで、特別に意味深い人生を送った人たちだろう。この人たちに共通しているのは、その行動が、世代を超えてあらゆる人々に良い影響を与えていることだ。個人としての自分を犠牲にしたその行動は私たちにとって模範となる。ネルソン・マンデラは、反アパルトヘイト運動によって27年間を刑務所で過ごしたが、その後にアフリカ民族会議（ANC）のリーダーとなった。寛容の精神を重んじ、非暴力主義を掲げたマンデラのおかげで、南アフリカでは内戦が激化することはなかった。そうなれば間違いなく、数多くの人が死に、苦しみを味わうことになっただろう。マンデラという人物が世界史に大きな好影響をもたらしたことは確かだ。だからこそ、彼は本当に意味深い人生を送った人の手本としてあげられることが多い。ただ彼のような有名人でなくても、世界に貢献する仕事をし、意味深い人生を送っていると思える人は大勢いる。消防士、看護師、医師などは、その筆頭にあげられるだろう。やはり、他人の人生に良い影響を与えているという点では皆、共通している。このように他人、そして世界に良い影響を与えている人は、意味深い人生を送っていると言っていいだろう。[*147]

研究者の調査でも、当然のことだが、他人に良い影響をもたらす行動を取っている人ほど、自分の人生を意味あるものとみなす傾向が強いという結果が得られている。私自身も以前、リチャード・ライアンとともに調査をしたことがある。[*148]そのときはロチェスター大学の学生を集め、簡単なコンピュータ・ゲームをしてもらった。コンピュータのスクリーンの上部に表示された1つの単語、下部に表示された4つの単語を見て、下の4つの中から上の1つの同義語を選ぶ、というゲームだ。20分間、このゲームをしたあと、学生たちには、この体験をどの程度、意味あるものと思うか評価してもらった。大したゲームではないので、おそらくほとんどの人はこの体験をさほど意味あるものだとは考えないだろう。

このとき、学生の半数には、ただ普通にゲームをしてもらったのだが、実はあとの半数はそうではなかった。私たちは、「1問正解するごとに、少額ながら国連世界食糧計画（WFP）に寄付がされますよ、それで世界の飢えている人たちを助けることができます」と半数の学生たちに告げたのだ。ゲーム後、2つのグループには明らかな違いが見られた。ゲームによって寄付ができると知らされたグループは、そうでないグループに比べ、ゲームをした体験をはるかに意味深いものとみなす傾向が見られたのだ。

つまり人は、たとえ退屈でつまらない作業であっても、それで他人に良い影響をもたらすことができると知れば、喜んで、熱心にその作業に取り組めるということだ。この他にも同様の調査は行われているが[*149]、やはり、他人に貢献しているとわかれば、体験に意味を感じられるという結果が得られている。

他人への貢献によって健康に

思いやりは人間の幸福にとって大切な要素である。思いやってもらう側にとって大切なのは当然だが、実は誰かを思いやる人自身にとっても大切だ。

――モニカ・ウォーライン、ジェーン・ダットン
『仕事の場にも思いやりを（*Awakening Compassion at Work*）』［２０１７年］

他人を助けることは、単に自分の人生を意味深いものにするだけではない。実はその他にも良いことがある。[*150] ブリティッシュコロンビア大学は、こんな実験をしている。血圧の高い高齢の人たちを集め、一人ひとりにお金を渡す。3週間にわたり、週に40ドルのお金を渡したのだ。半数には、そのお金を自分のために使うよう指示した。そしてもう半数は、誰か他人のためにお金を使うよう指示した。たとえば、友人にプレゼントをする、慈善団体に寄付するといった使い方をするよう指示したわけだ。どちらのグループについても、調査の前後で参加者たちの血圧を計測した。

他人のためにお金を使った参加者の血圧は（最高血圧、最低血圧共に）、自分のためだけにお金を使った参加者に比べて著しく下がっていた。頻繁に運動するようになった人や、健康的な食生活をするようになった人と同じくらいの大幅な低下だった。[*151]

つまりなんと、人助けには、自分の健康状態を上げるという思いがけない効果があるということだ。その結果、寿命も延びる可能性が高い。たとえば、846人の高齢者を対象にこういう調査が行われたことがある。他人に助けられた人と、他人を助けた人の寿命がどう違うかを5年間にわたって調べたのだ。直感的には、誰かに助けられた人のほうが、その分、利益を得ているわけなので寿命が延びそうに思える。ところが調査の結果は逆だった。誰かを助けた側の人のほうが寿命が延びていたのである。友人、親戚、隣人になにか物理的な支援をした人、配偶者に精神的な支援をした人たちの5年後の生存率は、そうでない人たちよりも高かった。[*152]その結果は、参加者の身体的な健康状態、精神的な健康状態、性格、配偶者の有無といった人口統計学的因子について調整をしても変わらなかった。

ボランティア活動によって、活動した人自身の寿命が延びることも、10を超える数の調査によって確かめられている。[*153] たとえ強いストレスにさらされることがあったとしても、人助けをしていると、寿命への悪影響が和らげられるようだ。デトロイト周辺に住む800人を対象にした調査では、なにか強いストレスにさらされる出来事があったとき、前年になにも人助けをしなかった人たちはその後の死亡率が上昇するが、人助けをしていた人たちの死亡率は上昇しないという結果になった。[*154] 愛する人が病気になり、世話をすることになれば、その人にとって大きな負担になることは間違いないだろう。配偶者が目の前で衰えていくのを見れば、ストレスと悲しみを感じるはずだ。だが、熱心に世話をしていると、そのことがストレスや悲しみを相殺し、寿命を延ばす効果をもたらす。アメリカ全土で3000人以上の既婚の高齢者を対象に行われた調査でも、週に14時間以上を配偶者の介護に費やす人は、寿命が延びるという結果が得られた。さまざまな人口統計学的変数、健康に関する変数について調整をしても結果は同じだった。[*155]

他人を助けると自分が健康になり、寿命が延びるだけではない。幸福にもなる。ブリティッシュコロンビア大学のエリザベス・ダン教授らは先ほどの血圧実験だけでなく、こういう実験をした。何人かの人たちを集めて、それぞれに500ドルを渡す。そして、半数の人たちにはそのお金を自分のために使うよう指示し、あと半数の人たちには、他人のためにお金を使うよう指示した。あとで調べると、後者のグループのほうが、幸福感が高まっていることがわかった。[*156]

これは、ダン教授の母国カナダだけのことではない。彼女の同僚、ララ・アクニンの調査によって、ウガンダ、南アフリカ、インドなど世界中の人たちに同じ傾向が見られることがわかっている。[*157] アクニンは、太平洋上の小国、バヌアツの人里離れた小さな村でも同様の実験をしている。[*158] その村でも、他人のためになにかを買うほうが、自分のためになにかを買うよりも幸福感が高まるという傾向は同じだった。どうやら、互いに助け合うと気分が良くなるというのは、文化を超えて人間が共通して持っている根源的な性質らしい。神経学の研究でも、それを裏づけるような結果が得られている。寄付などの慈善行為をすると、脳の報酬系という神経回路が活性化することがわかったのだ。[*159]

他人に親切にすると人生が意味深いものになるだけでなく、心身の健康状態が改善され、幸福感も増すということである。

人助けのしかた

慈悲の行為はあらゆる人にとって意味深い。その行為は、人間を豊かにし、気高いものにする。行為をした本人や受益者以外にも大きな意味を持つ。自分の生きる社会がどれほど良いものになり得るかを見せてくれるからだ。その行為は、すべての人にとって真似《まね》るべき具体的な手本となる。そして、自分は一人ではなくあらゆる人たちがつながった社会のネットワークの一員であると感じさせてくれる。

——ロバート・ウスノフ『慈悲の行為（*Acts of Compassion*）』［1991年］

他人に貢献すること、社会に貢献することが人生の意味を与えてくれ、健康状態を上げ、幸福感も高めてくれるということはわかってもらえたと思う。ただ、貢献するといっても、なにをどうすればいいのかわからない、という人は多いだろう。ここで大事なことは、その貢献はなにも、マンデラのような大きなものでなくてもいいということだ。決して〝祖国を救う〟という規模の貢献をする必要はない。これまでの調査でわかっているとおり、ちょっとした寄付行為をするだけでも、人は自分の人生に意味を感じられる。ほとんどの人は、社会に貢献するといっても、できるのは小さな、ありふれたことだろう。だが、それだけでも、自分が生きている日々に価値を感じられるのだ。あなたが心から愛し、大事に思っている人を喜ばすことができた瞬間を思い浮かべてみよう。配偶者の誕生日を祝うために夕食の準備をしたときのこと、なにか大きな問題に直面して困っている親友を助けられたときのことを考えてみるといい。

大学の講義でこの話をするとき、私はよく学生たちに「次の講義までに、他人になにか親切な行為をする」という課題を出す。学生たちの〝親切な行為〟は人によって実にさまざまだ。郵便を届けてくれた配達人にオレンジジュースを出した学生もいれば、祖父母と時間を過ごした学生、近所にいた旅行者の道案内を買って出た学生もいた。教室で私たちは、自分がどういう人助けをしたのか、それでどう感じたのかを話し合う。どの話にも元気づけられる。そうして話し合うのが講座の中でも特に重要な時間になっている。自分にはない他人の発想に触れることは刺激になるし、助けた人との深いつながりを感じることができた、という学生の話で皆が感動することも多い。ちょっとした親切をするだけで、その日は良い日になる。人とのつながりを感じて温かい気持ちになれるし、自分が生きている意味がはっきりと目に見えるような気がする。他人を助けることは、自分自身を助けることにもなっているのだろう。

小さな親切よりももっと大きな社会貢献をしたいと思うのであれば、おそらく懸命に自分の仕事に取り組むのが最も確実だろう。職業を持ち、それに毎日、8時間かそれ以上を費やしている人は幸運だ。ただすべき仕事に打ち込むだけで、社会に間違いなく良い影響を与えられる。つまり、人生を意味深いものにする行為が毎日の生活の中に組み込まれているということだ。だから、そういう人はただ、自分の仕事は社会に良い影響を与えているのだ、ということをつねに意識するだけでいい。イェール大学の心理学者であるエイミー・ヴェジェスニエフスキー教授は、ある調査の中で、病院の清掃員たちに「自分の仕事はどういうものだと思っているか」という質問をした。清掃員の中には単に「病院を清掃する仕事」という回答をした人もいれば、「患者の治療のために欠かせない仕事。病院を清潔に保つことは治療のために重要だから」という回答をした人もいた[*160]。まったく同じ仕事をしていても、それに対する見方は人によって大きく異なっている――自分の仕事がどう役立っているかをただ意識するだけで、毎日が意味深いものに変わることは多いのだ。

仕事といってもなにか重大な使命を担っている人ばかりではないだろうが、それでも構わない。ただ1人の顧客、1人の同僚の助けになったというだけで喜びを感じることはできる。私の大学の同僚は最近、こんな提案をしてきた。毎週金曜日に、職場の中の誰か1人に感謝の気持ちを伝えるようにしようというのだ。感謝したい人を1人決め、その人への感謝のメッセージを、スラックの内部コミュニケーション用チャンネルに投稿する。それを始めてから、今週は誰が誰を助けたのかが、たとえ小さなことでも全員の目に見えるようになった。メッセージを読むだけでも心が温まるし、皆が助け合っているという意識、自分たちは共同体なのだという意識が強まる。

もちろん、仕事以外にも貢献の手段はある。ボランティア活動や寄付もできるし、友人や親戚を助けるのでもいい。近隣の活動に参加してもいいだろう。自分が賛同する政治的な運動を支援するという方法もある。なにをするにしても、決して難しいことをする必要はない。その気になって探しさえすれば、貢献の機会はいくらでも見つかる。たとえば、オーストラリアのメルボルンに行ったときには、〈スープ・プレイス〉というお店の客になってみるのも1つの方法だ。食事の代金に上乗せして、3ドル50セントのチップを払うと、ホームレスに食事を提供するための基金となる。チップを払う人が非常に多いため、レストランの壁にはつねに大量の無料食事券が貼られていて、いつでも自由に持っていくことができるようになっている。

やりすぎに注意

ただ、ここで1つ注意してほしい。いくら良いことでも、過ぎると悪くなってしまう恐れがあるということだ。他人を助けることばかりに目を向けすぎると、今度は自分自身のことがおろそかになる危険がある。家族のために、または世界的な大義のために自分自身を犠牲にする人は少なくない。それは悲劇というものだろう。人助けは良いことだ。だが、闇雲にいつでも誰でも助けるのは良くない。いつ誰を助けるのかは、自分で考えて選ぶ必要がある。
ペンシルベニア大学ウォートン校のアダム・グラント教授は、社会貢献について研究しているが、「人を喜ばせることと、人を助けることの間には大きな違いがある」と言っている。[*161] 頼まれれば断ることなく誰でも助けるのと、自分が本当に助けたいと思う人だけをよく考えて選んで助けるのとはまったく違うということだ。自発的に誰かを助ければ、確かに自分自身の幸福感を高めることになるが、自分の意思と無関係に強制的に人助けをさせられたときには、幸福度は上がらないことが数々の実験の結果からわかっている。[*162]
「ノー」と言えるのが大切だ。自分が助けたいとき、助けたい人だけに能力を使うようにすれば、それだけ与えられる影響も大きくなる。いつでも誰でも助けることは絶対にやめなくてはいけない。あなたの助けたい人だけを、あなたの助けを本当に喜ぶ人だけを助ける。決して大声で助けを求めているだけの人を選んではいけない。
人は誰も一人、孤立して生きているのではない。社会的な存在ということだ。誰でも自分のことは大事だし、同時に他人のことも大事なはずだ。[*163] 自分のことばかりになっても、他人のことばかりになっても良くない。どちらの状態も人間にとっては苦しい。バランスが大事だ。ただ、現代は個人主義の時代で、個人の利益を追求することの重要さばかりが強調されがちなので、まずは自分の身の回りの他人を助けることを考えると、ちょうど良いバランスになるかもしれない。

第11章

Become
Who You Are

あなたがあなたであるために

自分自身を信じること。すべての心はその鉄の弦に共振する。
――ラルフ・ウォルドー・エマソン
『自己信頼』〔1841年〕

私には間もなく3歳になる息子がいる。同じくらいの幼児はだいたいそうだろうが、こちらの思いどおりにはなかなか歩いてくれない。歩いてほしいと思っても、じっと牛のように動かずにいるかと思えば、急に走り出したりもする。中間がない。他人からなにかを強制されそうになると、断固として拒否する。反対に、彼の中でなにかが光るのを感じることもある――彼の中からなにかの力がはたらく瞬間があるのだ。彼の喜びや興奮はわかりやすく、すぐに目に見える。走りたいという気持ちになれば、まったく躊躇《ちゅうちょ》することなく走り出す。小さな子供の場合は、このように、他人から強制されることと自分の意思ですることの区別が簡単にできる。そして、子供を見ていると、他人からなにかを強制されたときに人間がどういう感情を持つかもよくわかる。そういうときに子供は不機嫌な顔になり、泣いたりもするからだ。しかし、心からしたいと思っていることをするときは微笑みを浮かべたり、笑い声をあげたりする。それを見ているとこちらの心も和む。

人間が素晴らしいのは、行動の自由があるところだ。自分の心が認める行動を取れる、自分が心からしたいと思うことができる自由を持っている。他人と手を取り合うこともできれば、互いに愛し合うこともできる。文章を書くことも話すこともできる。なにかを創り出すこともできる。歌うことも踊ることも、笑うことも、走ることも、高いところに登ることも、飛び上がることも、自由自在にできるのだ。心からしたいことをしているとき、私たちは興奮を感じるし、その行動に没頭することができる。そういう行動は一種の自己表現になる。私たちはその行動に強く惹《ひ》きつけられ、長くそれをしないでいることは難しい。人間には、自己を表現する能力、自己を認識する能力があり、そして自分を喜ばせる能力もある。したいことをしているとき、私たちは本当の自分になれると言ってもいい。自分の意思で選んだことをし、進みたい方向に進んでいるとき、私たちは本当の自分になれていると感じる。これは、人生に意味を感じる上でも極めて重要なことだ。人生に意味を感じるためには、〝つながり〟が大切になる。前の2つの章では、他人とのつながりの大切さを書いたが、同じくらい自分自身とのつながりも大切だ。それがなければ、私たちは抜け殻のようになってしまう。

自分自身とつながる、というのは、つまり、自分自身の選んだとおりに生きる、自分自身で選んだ行動を取るということだ。哲学者のリチャード・テイラーは、自分の興味に従って行動することには「不思議な意味の深さ」があると言っている。[*164]「自分はそれをするためにここにいると思う内なる感情」を満足させるような行動を取れば、人生に意味を感じられるということだ。これは、自分が本当に自分らしく生きられているかどうかを決められるのは、自分自身だけということでもある。哲学者のローレンス・ベッカーは力強く「自立した人間の人生には、数字などで測ることのできない、他と比較することもできない、無限の価値と、高い品位があ

家、レフ・トルストイもよく知っていた。トルストイはこう書いている。「私は、すべて、ほぼすべての文章を、自分の頭の中にある考えを1つに結びつけたいという欲求に導かれて書いた。そしてその目的は結局のところ、自己表現だった[*166]」と言っている[*165]。自己表現の欲求がいかに人間を強く突き動かすかは、偉大な作

人生に意味を感じるためには、自分の内面の欲求に従い、自分らしく生きることが大切、という哲学者たちの考えが正しいことは、心理学の実験でも確かめられている。たとえば、テキサスA&M大学のレベッカ・シーゲルのチームはこんな実験をしている[*167]。まず、学生を集めて3つのグループに分けた。1つ目のグループの学生には、一人ひとりに「本当の自分」についてできるだけ詳しく説明する文章を書くよう求めた。本当の自分がどういう人間だと思っているかを自ら説明してもらったのだ。2つ目のグループには、「普段の自分」について詳しく書くよう求めた。日常生活の中で自分はどのような態度、行動を取っているかを説明してもらった。そして、3つ目のグループには、大学内の書店についての文章を書くよう求めた。その後は、すべてのグループの学生に、自分は自分の人生にどのくらい意味を感じているかを採点してもらった。

この実験で重視したのは、それぞれの文章を学生たちがどの程度、詳しく書いているかだった。特に、1つ目のグループの学生が「本当の自分」についてどのくらい詳しく書いているかに注目していた。詳しく書いているほど、自分をよく見つめ、本当の自分に真摯に従って生きている可能性が高いからだ。当然のことだが、「普段の自分」について書いたグループ、大学内の書店について書いたグループでは、文章をいくら詳しく書いていても、その分だけ人生に深い意味を感じているという傾向は見られなかった。しかし、「本当の自分」について書いたグループでは、文章が詳しかった学生ほど、自分の人生に深い意味を感じているという傾向が見られた。シーゲルのチームではこの他にもいくつかの実験をしたが、そのすべてで、「本当の自分」をよく知っている人ほど、人生に意味を見出しているという傾向が確かめられた。*168

シーゲルの実証的研究によって、カール・ロジャーズやアブラハム・マズローといった過去の偉大な人間性心理学者たちの主張の正しさが証明されたと言えるだろう。また、近年の自己決定理論の正しさも証明された。自分のことを自分で決めたいというのは人間の根源的な欲求であり、人間は自分らしく自分に正直に生きられたときに自分の人生に価値を見出せる、という考えが正しかったことが証明されたわけだ。充実した人生を生きるには、自己表現、自己実現がどうしても必要になる。それがないと、私たちは自分の人生を真に価値あるものと感じられない。

外からの圧力に動かされることなく自分の行動を自分で選択したかどうか、自分の意思に忠実でいられたかどうか、本当の自分を出せたかどうかは、経験の質を大きく左右する。それは、その人の健康にも、人間的な成長にも大きく影響するのだ。本当に自分の人生を生きていると感じられるかどうかは、そこにかかっていると言ってもいい。自己決定理論に関する何百もの論文に書かれているとおり、自分の意思に沿って行動することは人生のあらゆる場面で重要になる。仕事はもちろん、子育てや教育、スポーツ、減量、禁煙、果ては歯の健康にいたるまで、実にさまざまなことに関係するのだ[*169]。自分の意思に沿って行動したほうが、行動の結果も良くなることが多い。目標を達成できることが多いし、健康状態にも良い影響がある。同時に、自分の人生に満足できる可能性も高い。良い気分で活き活きと日々を生きられる。

ここで重要なのは、自分の意思に従って生きることと、個人主義は同じではないということだ。自分の意思に従って生きることは、個人主義が文化規範になっている西欧諸国の人たちだけではなく、そうではない中国や韓国、トルコ、ロシア、ペルーといった国々の人たちにとっても同じように大切だ[*170]。個人主義では、一人ひとりの人間を他と分けることが重要とされる。自己主張をすること、他者に依存しないことが重視され、個人の嗜好、価値観は、集団の嗜好、価値観に優先するとみなされる。それに対し、自分の意思に従って生きるとは、自分の行動を自分で選択すること、外からの力に操られないことを意味する。自ら選択するのであれば、集団の価値観に従って生きてもいいということだ。私は、自分の意思に沿って誰かを助けるかもしれない。自分の意思で、自分自身の幸福よりも子供たちの幸福を優先させることもあり得る。

ヴァレリー・チルコフの調査で、ロシアと韓国の学生はアメリカの学生に比べ、自分たちの国の文化を集団的とみなしているとわかった。だが同時に、学生たちが自分たちの国の文化的価値観を受け入れるかどうかは、一人ひとりが自分の意思で決めているとわかった[*171]。たとえば、アメリカには、自分の国では個人主義が行きすぎていると考えている学生もいれば、一方で同じ個人主義を良いものとして完全に受け入れている学生もいた。韓国でも同様だ。国の集団的な価値観を完全に受け入れている学生もいれば、他国の個人的な価値観を羨む学生もいた。どの国でも、自国の価値観に対する態度を自分の意思で決めているかどうかが、その学生の幸福度に大きく影響していた。その国が集団主義か個人主義かに関係なく、自分の意思に沿って生きているかどうかが幸福度を左右するということだ。

自分に正直になり、自分の価値観や関心に従うことが、真に活き活きと生きることにつながる。デシとライアンもこう言っている。「人間が完全に自分らしくなるとは、自分の関心に従い、自分の意思に沿って、活発に行動することである。最良の状態にある人間は、十分な動機を持って迷うことなく動ける。新しいことを学び、新しい技術を習得して、自分を進歩させることにも熱心に取り組める。また自分の持てる能力を最大限に発揮できる」[*172] 人間は、自分の意思で選んだことに取り組んでいるときに、本当の自分、自分の価値観をよく知り、それに忠実に従って生きているときに、最高の存在になれる。そのときこそ、人生は生きるに値するものになるのだ。

自分の意思で人を助ける――個人主義的な利他主義

読者の中に、見ず知らずの意識不明の女性を助けるために、救命胴衣を着けず、服を着たまま凍るような水に飛び込んで泳いだ、という経験のある人はいるだろうか。消防士のジャック・ケーシーはまさにそういう体験をした人だ。彼はボランティアとして2年間に500回以上の緊急通報に対応し、自らの命を危険にさらしながら、生死の境に追い込まれた人たちを何人も救った。地元の救急隊員を務めているのに加えて、週に3時間、赤十字社の応急処置講座の講師をし、数年前に自分で立ち上げた野外活動講座も運営している。社会学者のロバート・ウスノフは、自著『慈悲の行為（*Acts of Compassion*）』のためにジャック・ケーシーにインタビューをした。ウスノフは、ケーシーのことを真に無私の英雄だと考えていた。皆の安心、安全のため、自分を犠牲にして尽くすことを望んでいる人物なのだろうと考えていたのだ。[*173] 確かにそのとおりなのだろうが、同時にケーシーは自分のことを「他人から独立していたいと思う人間」と表現した。つまり彼は厳格な個人主義者でもあり、それを誇りにも思っていた。つねに自分のしたいことをし、他人に左右されずに自由にものを考え、必要であれば他人の意見に反対する、そういう人間ということだ。他の多くのアメリカ人と同じく、ケーシーにとっても、〝自由〟は価値観の核になっていた。

ウスノフにとって、ケーシーはまさに、彼が「アメリカのパラドックス」と呼ぶ現象を体現するような人物だった。ケーシーは、普通の人よりも独立心が強く自律的だが、同時に他人への思いやりも強い。アメリカにはそういう人が少なくない。ケーシーは個人主義者なのか、それとも利他主義者なのだろうか。その答えは〝両方〟である。彼の自律性も独立心も、アメリカの社会規範に沿っている。ジャック・ケーシーはアメリカ人だからこそ、「自分は自分の人生でなにをしたいのか」をよく考えていた。彼のしたいこと、それは〝人助け〟だった。ケーシーが他人を助けるのは、そうしなければならないからではなく、自分が心からそうしたいからだ。

誰にも頼らず、自分で自分の人生の選択をするのか、それとも弱くて自信がないので、他人に選択を委ね、他人に従って生きることに甘んじるのか。これが個人主義の問いである。一方、自分のことだけを考えて生きるのか、それとも心から他人のことを考えて生きるのか。それが利他主義の問いだ。だが、この他に第三の問いがある。人は、他人に頼らずに自分だけで人生の選択をしながら、同時に、自分だけでなく同じ社会に生きる他人たちを心から思いやることができるか、という問いだ。これは関係主義の中心を成す問いだと言えるだろう。関係主義は、個人主義的な利他主義と言い換えることもできる。ジャック・ケーシーは関係主義者だろう。彼は自分の行動、自分の人生の方向を自分で決めている。その結果、多くの時間を周囲の人たちを助けるために使うことになった。

他人から独立していて、同時に利他主義者ということはあり得るわけだ。自分の意思で人生を決めたら、困っている人を助けることになった。それが自分のしたいことだったからだ。他人を助けていても、それが自分で選んだことなのであれば、やはり独立した人間であることに変わりはない。今の時代には、生まれつき他人を助けたいという欲求を持っているにもかかわらず、個人主義を是とする社会規範に合わせるため、その欲求を抑えてしまっている人も多い。本来、社会的動物である人間が、他人を助けたいと思うのはごく自然なことである。それなのに、利己的な行動こそ合理的とするような文化に合わせるべく、そういう利他的な本能を無視している人がいるのである。

現代のアメリカには、利己的であることを賢明さと同一視し、反対に他人を助けることを愚かさと同一視するような風潮も見られる。そういう文化に生きていて、あえて利他的に行動しようとする人は少ない。自分の利益を追求しないことをあざ笑われるのではと恐れるからだ。自分の利益をいっさい考えることなく他人のためになにかをすることがあったとしても、それを認めるのには勇気がいる。だが、実は、独立心の強い人ほど、そうでない人に比べて、利他的になりやすい傾向があるのだ。これは現代のパラドックスだが、そう驚くことでもない。なぜか。それは、独立心の強い人は自分の頭で考えるため、文化規範にとらわれなくなる可能性が高いからだ。文化規範にとらわれなければ、本来の自分を隠すこともない。生まれつき他人を思いやる気持ちが強く、関係主義者、利他主義者の傾向が強い人は、当然、そういう自分を表に出したほうが良い人生を送ることができる。

極端に制約の多い環境での自由

刺激と反応の間には、空間がある。その空間にあるのは、反応を選択する能力だ。その反応によって私たちは成長するし、そこに私たちの自由がある。

――スティーブン・コヴィー『7つの習慣 最優先事項――「人生の選択」と時間の原則』［1995年］

私たちは時に制約の多い環境に置かれてしまうことがある。だが、そういう環境にいても、わずかながら自由は残されている。まず、その環境をどう解釈するのも、それにどう反応するのも自由だ。サルトルは「自由が人の心に火を灯《とも》したら、神にもその人を止める力はない」と書いている。[*174] 人生には必ずなんらかの制約がある。たとえば、囚人は刑務所から外に出ることができない。だが、囚人であっても、刑務所にいるという状況にどう反応するかを選ぶ自由は持っている。第二次世界大戦中、捕虜となった経験を持つサルトルには、自分の説の正しさを試す機会があったはずだ。ヴィクトール・フランクルもやはり同様のことを書いている。「強制収容所にいた人たちの中には、建物内を歩き回って他人を慰める人や、パンの最後の一切れを他人に譲る人がいたのを思い出す。数は少ないながらそういう人がいたことで、たとえ人間からなにを奪ってもただ1つ奪えないものがあることが証明されたと言えるだろう。奪えないもの、それは人間の自由である。置かれた状況の中でどう生きるか、どの道を選ぶかは、その人の自由に任されている*175」

人生には制約があるが、その制約ある状況への反応を選ぶことはできる。もし今、幸福だとしても、その幸福が外部の状況に依存したものだとしたら、とても脆《もろ》い。外部の状況はなかなか自分の思いどおりにはならないからだ。人生にはいつ、なにがあるかわからない。突然、事故に遭うかもしれないし、愛する人が死んでしまうかもしれない。誰の人生にも、ある程度の悲劇はつきものだ。しかし、外の世界で起きることにはなにもできなくても、起きたことへの反応は自分で変えることができる。フランクルも書いているとおり、状況への反応を決める自由――自分の感情、心の状態をどうするのかを選ぶ自由――はつねにある。強制収容所に入るような極端な状況ではなく、ごく日常的な困難に直面した場合にも、この認識は重要である。

それが心を解放し、希望を与え、苦しみを少し和らげてくれる。

古代のストア派哲学者たちは、「アパティア」を理想の人生の鍵となる要素だと考えた。アパティアとは、「無情念」とも訳されるが、人生に起きるあらゆる出来事を判断を交えずに観察する心の状態を指す。なにが起きても起こるがままにさせ、ただじっくりと観察する。それによって、出来事に適切に反応できるようにする。決して出来事に圧倒されない。これは、世界に起きることと、自分の反応との間に一定の距離を空けるということだ。決して反射的に反応することがないようにする。外の世界でなにが起きても、内面の穏やかさを乱されることなく、心の平和を保つのである。もちろん、そういう境地に達するのは簡単なことではない。ストア派の哲学者たちは、ゆっくりとでもアパティアに近づくためのさまざまな訓練方法を考え出した。たとえどれほど制約の多い状況に置かれても、わずかな自由が残されるのは確かである。ただし、その自由を享受するには、相当な訓練をして心の平和を手に入れる必要がある。

人間は極端にひどい状況に置かれても、心の平和さえあれば、その中である程度の自由を享受できる。しかし、だからといって、社会を改善する努力を怠ってもいいというわけではない。そこは誤解しないでもらいたい。それぞれの人が自分らしく、自由に生きることを良しとする社会を作っていくことは大切だ。自己決定理論に関するこれまでの調査でも、学校、地域社会、職場などが個人の自律性、自主性を大事にしているほど、そこにいる人たちは自己実現をしやすく、幸福を感じることも多いという結果が得られている。[*176] あまりにも抑制が強く、したくないことばかりを強制的にさせられる環境に置かれると人は存分に能力を発揮できず、幸福に生きることができない。職場の文化が抑圧的で問題が起きているとき、問題解決のために必要なのは当事者たちに抑圧に対処するためのマインドフルネスのテクニックを教えることではない。個人が自分の意思で自由に動けるよう職場の文化を変えることである。私たちには、市民として社会を望ましいものに変える責務がある。個人が心の中だけで自由を享受しているような社会であれば、行動も自由になるように改善すべきだ。そのために政府や組織のあり方、文化を変える努力を怠ってはならない。

第12章

Master
Your Potential

持てる能力を発揮する

すべての人には、必然的に、自然がその人を作ったとおりに成長していく傾向がある。その人が話すことも、することも、すべて自然の作りに従っているのだ。それは正しく、健康的で、避けられないことだ。そうするのが義務でさえある。人間の義務を簡単にまとめるとそういうことになるのだろう。人間がこの地上に生きる意味はここにある。自分の持てる力を存分に発揮すること。そのために人は、自分の得意なことを仕事にするべきだろう。

――トマス・カーライル『英雄と英雄崇拝』［1841年］

なんであれ、人間の優れた能力は美しく、魅力的である。モダンダンスでも、バスケットボールでもうまい人を見ると感心するし、政治的なスローガンも見事なものには心を動かされる。料理、曲芸、ルービックキューブ、なんでも優れた技術を持った人は尊敬してしまう。私は子供の頃からアマチュアとしてずっとサッカーをしている。だからこそ、リオネル・メッシ、クリスティアーノ・ロナウド、マルタ・ビエイラ・ダ・シルバといった有名選手のプレーがどれほどすごいかがよくわかる。ボールの動きを見ているだけで、自然に声援を送ってしまう。本を読んでいても、特別に素晴らしい文に出合ったときには、しばらく先に進むのをやめてじっくりと味わう。たとえなにであっても、世界で最高と言える能力を持った人を見ると、尊敬してしまう。きっと誰でもそうだろうと思う。現代のようにグローバル化が進む前は、地域で最高になれれば、皆の尊敬を勝ち得ることができた。私の祖父は、若い頃に地元の郡の大会で優勝した陸上選手たちの名前を、80歳になっても覚えていた。

人よりなにかに優れていることに美徳はあるのだろうか。古代ギリシャ人は、あると考えた。彼らにとっては、なにかに優れていること、それ自体が美徳だった。

たとえば、〝美徳〟を意味するギリシャ語〝アレテー（Arete）〟は、ホメロスの詩では、なにかに優れていること全般を指すのに使われている。[177] 走るのが速い人ならば、〝脚のアレテー〟を発揮したことになるし、大きく強い剣士ならば〝体力のアレテー〟を発揮したことになる。ホメロスの叙事詩やアイスランドのサガ、アイルランドのアルスター物語群などに描かれた過去の英雄的な社会では、その人の役割に応じて、社会が定める義務を果たすことが人間が生きる究極の目的だとされていた。したがって、その役割を果たすのに役立つことはすべて「善」とされたし、役割を果たすのを妨げることはすべて「悪」とされた。英雄的な社会の道徳規範を研究する哲学者、アラスデア・マッキンタイアは次のように書いている。「美徳とは、単に自由な人間に自分の役割を続けさせる資質のことであり、役割が求める行動を取ったときにのみ、その資質は表に出ることになる」[178] つまり、英雄は必ず義務を果たさねばならず、そのために時には身体的な強さが必要になり、時には狡猾《こうかつ》さが必要になるということだ。その必要な資質、能力を持っていることが美徳というわけだ。

なにかに優れていること、熟達していることは確かに、それだけで意味深い。哲学者のジョン・ロールズはこう言っている。「誰かの能力（生まれつきの能力もあれば、訓練によって身につけた能力もある）が発揮されるのを見るのは人間にとって楽しいことだ。楽しさは、発揮される能力が高いほど、また複雑なほどに増す[179]」なにかに優れていることはそれだけで価値がある。そして、熟練の能力、卓越した能力が発揮される行動に、私たちは意味を感じる。それ以外に、膨大な時間をかけて能力を身につけるための努力をする人がいる理由はあるだろうか。確かに、プロスポーツや芸術など、能力を高めれば、大金が稼げる分野はある。大勢の人たちが飽きることなく試合を、プレーを、作品を見て楽しむことがわかっている分野はそうだろう。しかし、熟達したとしても決して大金が稼げるわけではない能力もたくさんある。水上スキーをしながらのフラフープ、エアギター、チェスボクシングなどがそうだし、コーヒーを淹《い》れる技術などもそうだ[180]。やはり、なにかに優れることそのものに私たち人間は喜びと意味を見出すのだろう。

　自己決定理論では、なんらかの能力を欲しがるのは人間の根源的な欲求だとされている。私たちは進化の産物だ。たとえどのようなものであれ、能力を持っていれば、その分だけ生存の確率は高まる可能性がある。どういう能力が役に立つのかあらかじめ知ることはできないので、とりあえず持てる能力はすべて持とうとすると考えられる。今すぐ命を失う危険がないときには、なんでもいいので後に役立つ可能性のある能力を持ち、高めることに時間を使うのが得策ということになる。なにもせず怠惰に過ごすよりは、なにかの能力を身につけるほうが生存戦略として優れている。だから、進化は私たちに、つねに新しい能力を得たいと思う意欲を持たせた。そして同時に、新たな能力が得られると、満足を覚える心も持たせた。学習や訓練をして自分が成長したのがわかると、満足感を覚えるだろう。それでさらに意欲が増す。自分の人生が前に進んでいると感じられるのは嬉しいことだ。

なにかに熟達し、それに没頭すると、他のすべてを忘れてしまうことすらある。心理学者のミハイ・チクセントミハイはこの現象を「フロー」と呼んだ。スポーツ選手や芸術家が、困難だがやりがいのある課題に取り組み、それに完全に集中すると、「フロー」の状態になる。[*181] フロー状態の人は、目の前の仕事にすべての注意力とエネルギーを注ぎ込む。意識と無意識が調和し、本来、難しいはずのことが簡単にできてしまう。チクセントミハイは、フローを人間の内面にとって最高の体験だと考えた。その体験自体があまりにも楽しいので、「ただその体験をするためだけに、高い代償を喜んで払う人もいる」という。[182]

人間は自分の能力を最大限に発揮できる課題を探し求める。決して、そのあとになにか褒美がもらえるからではない。なにかに没頭する瞬間が欲しいのだ。その瞬間に、人間は他のどんなときよりも、自分が生きているという実感を得る。4000人のアメリカ人を対象としたある調査でも、実に400人もの人が「困難があってこそ人生に意味を感じられる」と答えている。[183] 私自身の研究でも、なにかの能力を身につけ、難しい課題を達成したときに、多くの人が人生に意味を感じることを確かめている。[184]

ここで注意すべきなのは、優れた能力を持つことで人生に意味を感じられるからといって、誰もがなにかとてつもない偉業を達成しなくてはいけないわけではない、ということだ。たとえば、エベレストに登頂する、一人でヨットに乗って世界一周をするといったことをすれば、間違いなく、「すごいことをした」という感覚は得られるだろう——少なくともそれを達成するための努力は称賛に値するし、おそらく大勢の人たちが褒めそやしてくれるはずだ。だが、そこまでせず普通に日常生活を送りながらでも、自分にはなにかができる、できた、という感覚を味わうことはできる。たとえば、子供たちとボール遊びをしているときには、当然のことだが、大人の自分は小さな子供よりはうまいのだなと実感する。自転車通勤のときに、少し急な坂を登りきったときや、テトリスの腕前が上がっていると気づいたときなどにも、その感覚はある。食洗機に洗うべき食器をすべて入れることができた、家の掃除ができた、というだけでも、「自分はすごい」と感じて、嬉しくなることはある（同じようなことを言う人は私の周囲にもかなりいる）。どれも些細なありふれたことだが、大小に関係なく、自分になにかをする能力がある、あったと認識するたびに、日常生活に意味を感じられることは確かだろう。

もちろん、あえて些細なことだけに満足している必要はない。努力して圧倒的に高い能力を身につけ、素晴らしい成果を上げることができるのであれば、それに越したことはない。たとえば職場でも、能力を高めれば、その分だけ大きな役割を担うことができるに違いない。大きな役割が欲しいと望むのであれば、体系的な方法で訓練を積み、必要とされる能力を磨くべきだろう。趣味の世界でも、努力して能力を高めるほど、得られる楽しみが大きくなることはある。

能力と興味による自己実現

私たちが自分の興味のあること、うまくできることに取り組むと、その行動自体が自己実現につながる。ただ、この「自己実現」とはどういう意味だろうか。この言葉は今、あまりにも簡単に使われすぎのように思える。ヨガの教室でも、ニューエイジ思想でも、とにかく、なにかというと「自己実現」という言葉が使われる時代である。ただ、私は、この言葉を、ごく簡単な当たり前の意味に使いたいと思う。私の言う自己実現とは、自分らしく生き、なおかつ能力を高めること、それだけだ。この2つの条件が満たされればいい。なにか心からしたいと思えることをし、それで自分の能力が高まっていると感じられれば、できなかったことができるようになったと感じられれば、それだけで充足感を覚えることができ、自己実現ができる。

ただし、2つの条件のどちらが欠けても、自己実現はできない。たとえば、なにかをして最初はとても楽しく、興奮を覚えたとしても、それで自分の能力が高まっていると感じられず、同じところにずっと留まっていると思えば、徐々に楽しみは減っていくだろう。なんの学びもなく、成長もなければ、動機を維持することはできない。そうなるといずれは「これは自分のすべきことではない」と考えるようになるだろう。その逆のことも言える。たとえどれだけうまくできたとしても、その活動に興味が持てないのであれば、充足感は得られず、自己実現もできない。興味が持てないが才能はある、というのは十分あり得ることで、そのとき、人は罠にはまりやすい。興味があるのでやる気が湧き、そのおかげで長時間の努力も喜んでするので、自然に上達する。そうなるのがなによりも幸福なことだろう。自己実現は、興味と能力が一致したときにはじめて可能になる。

他者とつながることと自分自身とつながること——意味ある人生への2つの道

人生を意味あるものにする方法は1つではない。ただ、総じて言えば、その方法は主に2つだろう。1つは他者とつながること、もう1つは自分自身とつながることだ。自分自身とつながるとは、自分らしく生き、能力を高めることである。他者とつながるとは、他者と緊密な関係を築き、その人に良い貢献をすることだ。自分自身とつながれば、自己充足感が得られる。それは自分に正直に生きることであり、自分の行動を自分で選択すること、自分が興味を持てることをすることだ。言葉でも、行動でも自己を表現することだろう。誰かの期待に応えるのではない。ただ自分自身に忠実に生きる。また、絶えず新しいことを学び、能力を高め、自分を成長させていく。そして新たに身につけた知識や技術、能力を日常生活に活かす。

働き方と愛し方がわかっていれば、愛する人のために働く方法と自分の仕事を愛する方法がわかっていれば、その人はこの世界で素晴らしい人生を送れるでしょう。

――レフ・トルストイ『ワレーリヤへの手紙（Letter to Valerya）』［1856年］

他者とつながるというのは、他者に充足感をもたらすことでもある。自分が大切に思う人と良い関係を築き、その人と多くの時間を過ごすのは、もちろんひとつの方法だが、それがすべてではない。同時に、他人に良い貢献をすることも大切だ。つまり、自分がいること、することで、たとえわずかでもその人になにか違いが生じることが重要になる。これはすでに書いたが、ここでもう一度書いておきたい。他者とつながり、他者に貢献して、自分の存在を他者にとって意味あるものにできれば、自分の人生が意味あるものになる。しかし、他者とつながるだけでは十分ではない。同時に自分自身ともつながる必要があるのだ。バーで人生の意味とはなにかと尋ねられたら、最近は「人生の意味とは、自分にとって意味あることをし（自己充足感を得る）、同時に、自分を他人にとって意味ある存在にすること（他人に貢献する）」と答えるようにしている。

具体的になにをどうすべきかは人による。なにに興味を持つかは人によって違うし、価値観も、能力も、生活する環境もすべてが違うので一概には言えない。自分に正直になり、つねに能力を高めることを怠らず、他人との関係を大切にし、思いやりの気持ちを忘れない。それさえわかっていれば、あとはそれぞれが自分で考えることになるだろう。たとえば、もともと政治に興味があり、言葉のセンスがある人ならば、賛同できる政策を実現するためのスローガン作りにその能力を活かす（自己実現）のもいいだろう。音楽の才能があり、ギターなど楽器ができるのなら、バンドを組んで（自己実現）、ジャム・セッション（他者とのつながり）をしてもいい。病院の清掃員なら、実際に自分の仕事によって各病室の衛生状態が保たれている（他者とのつながり）という具体的な結果（自己実現）にやりがいを見出すこともできる。子供のいる人は、親業が自己表現にもなるし、子供自身と社会への貢献にもつながるだろう。ボランティアの仕事で他者とつながり、自己実現をしている人も多い。もちろん、なにか1つのことをするだけでは十分ではない場合もあるが、同時になにか別のことをして、足りない部分を補うこともできる。たとえば、やりがいのある仕事をしているが、一人で取り組む仕事なので孤独だということもある。その場合には、余暇の時間に人間関係を豊かにする活動をしてもいい。ともかく、たとえどこでなにをしていても、自己実現と、他者への貢献を意識することが重要なのは間違いない。

完璧な時間

最近、私の人生でも特に意味深いと感じられる時間があった。5歳の息子とはじめて二人で小さな自転車の旅をしたのだ。目的地は自宅から何キロメートルか離れた海辺のカフェテリアだった。その旅で起きたことを、私は事細かに思い出せる。私はコーヒーを飲み、息子はストローで紙パックのジュースを飲んでいた。窓から入ってくる陽射《ひざ》し。かすかな海の香り。なにもかもが今日のことのようだ。私はその旅で、過去、現在、未来を同時に体験したと言えるかもしれない。コーヒーを飲みながら、ふと息子がまだ生まれたばかりの頃を思い出した。自転車を降りたあと、静かでくつろいだ時間を楽しみながら、未来のことにも思いを馳せた。息子もここまで成長して、一人で自転車に乗れるまでになったのだから、またこれからこうして何度も二人で自転車に乗り、コーヒーを飲み、穏やかな時間を過ごせるのだろうと思った。私の存在は完全に喜びだけで満たされていた。その瞬間に確かな生きる意味を感じていたからだ。私の心は平和そのものだった。そのときにすっかり身を委ねてしまっていた。息子がいかにも子供らしく、なにも憂いのない、無邪気な様子だったことも私の喜びを増したのだろう。私たちは同じ空間を共有していた。それは二人の間のつながりを感じる時間、愛を感じられる時間だった。

そこには、人生の意味を感じるのに必要なものがすべて揃っていた。まず、私は自転車に乗ること自体がずっと好きだ。だから、自転車に乗っているだけで、自分に正直に生きていることになる。そして、息子は自転車に乗れるようになったばかりで、新しい能力を身につけた喜びを感じている。私は息子とその喜びを共有できた。つまり、私は、自分自身とのつながりと、息子とのつながりを同時に体験することができたわけだ。私は父として息子に冒険の機会を与えられたことが誇らしかったし、単純に二人で旅をできることを楽しんでもいた。息子はこの旅で新しいことを多く学んだはずだ。それも私には嬉しいことだった。息子の成長に貢献できたと思えたからだ。過去、現在、未来のすべてを体験でき、自己表現もでき、能力を身につける喜びを共有し、深いつながりを感じ、他者への貢献もできた。これ以上、自分が生きる意味を感じられる時があり得るだろうか。

私の体験は特別なものではない。読者の中にも愛する人と同じような時間を過ごしたことのある人はいるだろう。時には、出会ったばかりの人とでさえ、同じくらい素晴らしい時を過ごせることはある。それは自分の存在が輝く時間だ。なんらかの理由であらゆる要素が揃い、互いに同調し合う。そうなると人は自分の人生に深い意味を感じ、人生に浸りきることができる。同時に自分自身とも他者ともつながる瞬間だ。自分自身を充足させ、同時に社会にも貢献できる瞬間である。存在の最も根源的な意味を実感する瞬間と言ってもいい。

人生の意味を感じるのはなにも難しいことではない。誰もが日常生活の中で、強弱の違いはあっても、自分が生きている意味を感じているはずだ。『意味の力（*The Power of Meaning*）』の著者、エミリー・エスファハニ・スミスも、人生に意味を見出すのに特別な出来事は必要ないと言う。街で新聞を買うとき、店員に挨拶をする。職場に落ち込んでいる人がいれば話しかけて元気づける。子供にとって良い親、良い助言者でいる。そのくらいのことで十分だと言うのだ。[*185] 他者にちょっとした充足感を与え、自分もちょっとした充足感を得る、ただそれだけでいい。自己充足感を得るのは簡単だ。誰も見ていないところで少し踊るだけでも、通勤電車の中で読書に没頭するだけでも自己充足感が得られることはある。ただ、それは、今、ここだけの充足感でもある。私たちは、過去とつながること――たとえば、子供の頃に祖父母となにかをした時間を思い出すこと――や、未来とつながることによっても充足感を得られる。たとえば、未来に達成すべき目標を持っている人は、たとえ同じ体験をしたとしても、目標を持たない人とは違った充足感が得られるかもしれない。大切なのは、たとえ今、どこでなにをしていたとしても、自分に正直でいること、自分の価値観、関心に忠実でいること、他者と良い関係を築くことだ。それが人生に意味を与えてくれる。トルストイも、まさに人生のどん底でそれを学んだ。

トルストイは重大な実存的危機に陥って苦しんだとき、自分の人生にとって真に重要なものはなにかを見極めようとした。憂鬱から抜け出せたのは、彼の言う「二滴の蜜」のおかげだった。1つは「家族の愛」、もう1つは「創作への愛」だ。この2つの愛が、トルストイをこの世界に留める錨《いかり》のようになっていた。[*186] 2つは「他者とのつながり」と「自分自身とのつながり」と言い換えることもできる。あなたにとっての二滴の蜜はなんだろう。

持っているものを活かす

人生にどのくらいの意味を感じれば良しとするのかは、結局その人次第である。また、どの程度、自分に正直でいられれば、どの程度の能力を持てれば、どの程度、他人と良好な関係ができれば、どの程度、他人に貢献できれば、人生に意味があると言えるのか、その基準は自分で設定するしかない。大半の人は、たとえば日常生活の中で、他人にほんの少し貢献できれば、ほんの少し良い影響を与えられれば、それで十分と考えるだろう。全員がネルソン・マンデラやマーティン・ルーサー・キング・ジュニアになれるわけではない。こういう偉人たちは、一般の人間とは満足する基準がまったく違うということだろう。

私は以前、ある老人ホームの調査をしたことがあるが、そのときに見た光景が今も忘れられない。そこに入居していた二人の老人が、看護職員に代わってシーツをたたむ仕事をしているのを見たのだ。二人は集中して熱心に仕事に取り組み、やりがいを感じているようだった。老人ホームで暮らしていると、誰かに貢献する機会はめったにない。しかし、彼女たちはその仕事をすることで、日頃とても世話になっている看護職員の負担を少し減らし、お返しをすることができた。シーツをたたむこと自体は難しい仕事ではない。マンデラが成し遂げたこととは比べようもない。それでも、老人たちも置かれている状況の中で精一杯の貢献をした。それで十分である。看護職員にとって意味のある存在になれたことで、老人たちの人生はより意味あるものになったと言える。

基準は、自分の人生の状況に応じて設定するべきだ。中には、なにか偉大な貢献をする機会に恵まれる人もいるだろう。多くの人々と深く、良好な関係を築き、自分が心からしたいと思えることをし、世界でも一流の能力を身につけることができる。そういう人であれば、是非、高い基準を設けるべきだ。自分を乗り越える努力を続け、不可能と思えたことを次々に可能にする、そういう人生を送るべきだろう。経済的に恵まれ、社会的にも良い立場にいて、高い知性も持っている。そういう人は、持てるものを最大限に活かし、できるだけ自分が受け取ったものを社会に返すようにするといいだろう。だが、そうでないほとんどの人は、持っているものででき る範囲のことをするしかない。その厳しい状況の中でもなにか確かなもの、意味の感じられるものを得る努力をする。人生の意味は、なにを得るか、なにを持っているかだけでは決まらない。得たもの、持っているものをどう感じるかも大きい。まずは、たとえわずかでも自分の人生に意味を感じさせてくれるものを見つける必要がある。それは誰かとの関係かもしれないし、誰かに貢献していることや、なにかの能力を身につけること、好きな趣味や仕事で自己表現することかもしれない。あとは、見つけたことに関してさらに努力すればいい。そうすれば、人生にさらに深い意味を感じられるはずだ。

プロジェクトではなく物語のような人生を

この本も終わりに近づいたが、最後に大事なことを書いておこう。それは、人生をプロジェクトのようにしてはいけない、ということだ。人生を意味あるものにすることを目標にし、その目標に向かって邁進《まいしん》する――そんなことをするとかえって、人生に意味を感じるのが難しくなってしまう。現代社会には、人生をプロジェクトのように考える人が増えてしまった。私たちは皆、まず目標を定め、それを達成するための計画を立てろと教わってきた。目標はできるだけ高いほうがいいし、達成のためにどういう努力をするのが大切かをよく考える必要がある。すべては、人生であげられる成果をできるだけ大きくするためだ。それが人生にとっての聖杯のようになっている。人生をプロジェクトとみなすと、人生の価値は、プロジェクトが成功するか否かで決まってしまう。また、仮に成功するにしても、結果が出るのはほとんどの場合、遠い将来である。それまでの間は、本当に目標に到達できるかどうかもわからないまま、ひたすら退屈で苦しい努力をするしかない。また目標達成以外に価値がないのだとしたら、努力自体にはなんの価値もないことになる。ひどい場合には、もし今、苦しくないとしたら、それは努力が足りない証拠だとみなされることさえある。スタンフォード大学の学生たちを対象にした調査を実施したエマ・セッパラは、スタンフォードのように皆が必死に成果を追い求める文化のもとでは確かにそういうことが起きると言っている。*187

人生をプロジェクト化すると良くないのは、人生が単なる手段になってしまうからだ。もはや人生を生きるのではなく、なにかを得るために人生を利用することになる。富や名声、成功を追い求める代わりに、幸福や意味を追い求めることを目標にしたところでなにも変わらない。富や名声、成功を求めることに疑問を持つのは良いことだろう。しかし、求めるものを変えたところで問題は解決しない。幸福を目標にしても、幸福を得るために人生を利用することには変わりないからだ。人生そのものを大切にし、人生を生きることを楽しむわけではなくなってしまう。最終的な結果にばかり目を向けていると、日常の小さな輝きを見落としてしまう。本当はそれこそが人生を生きる意味のあるものにしてくれるのに。

人生はプロジェクトではなく、〝物語〟とみなすべきだ。物語は、その人が目撃、遭遇、体験したこと、その人が表現したことでできている。その人だけのものだ。人生でなにが起きたとしても、良いことも悪いことも、自分で選んだことも、外から与えられたことも、すべてが物語の一部となる。物語の各章には、その人の良いところも悪いところも含まれている。不思議なことや思いがけないことも含まれているだろう。

物語は競争ではない。物語はただ展開していく。その中で人はさまざまな行動を取る。登場人物たちは物語の各所で選択を迫られる。人間は反省する生き物だ。物語が良い展開を見せると、当然それを喜ぶ。また物語からなにかを学ぶ。道徳的な教訓を得ることもあるし、自分になにが足りないかを知ることもある。私たちは物語を楽しむこともあるが、物語から世界の成り立ちを知ることも多い。そして物語によって人生に意味を与えることもある。世界は本来、混乱したもの、複雑なものだが、物語のおかげで混乱を整理し、世界の美しさを感じることもできる。物語の中にプロジェクトがあってもいい。大きなプロジェクトが大きな成果を生み、そのおかげで物語が良いものになることもある。しかし、プロジェクトはあくまで物語の一部である。決してプロジェクトに支配されてはいけない。プロジェクトを通じて世界を見てはいけないし、プロジェクトの成否で人生の意味を決めてもいけない。あなたの人生の物語は今、この瞬間に展開している。あなたにできることは、ジョン・デューイも言っているように「この瞬間そのものを豊かにするべく努力すること」だけである[*188]。

東洋にこんなお話がある。旅人が草原を歩いていた。何事もなく平和に歩いていたのだが、不意にトラに遭遇する。必死で逃げたが、やがて崖の縁まで来てしまう。しかたなく飛び下りた旅人だが、恐ろしいことに、下に大きなワニがいて、大きな口を開いているのに気づいた。このまま落ちれば飲み込まれる。旅人はとっさに崖に生えていた低木の小枝をつかんだ。上にはトラ、下にはワニ。まさに絶体絶命の状況だ。しかも、つかんでいる小枝を2匹のネズミがかじり始めた。旅人は、もはや死は避けられないものと観念した。

トルストイは、自分の人生はまさにこのお話と同じ状況だと考えた。実存的危機に陥ったトルストイは、この旅人と同じように、人生に起きることをなにも楽しめず、ただ小枝をかじるネズミと下で待ち受けるワニのことだけしか考えられなかった[*189]。だが、この状況も実は苦しいばかりではない。確かに死は迫っていたのだが、旅人は死以外のことにも目を向けた。そして、そのときにも周囲には美しいものがあると気づいた。つかまっている小枝のそばには、いくつか綺麗《きれい》なイチゴがなっている。空いているほうの手でイチゴを摘んで食べた旅人は、「なんて甘くて美味しいんだ！」と思った。

人生はある日、終わりを迎える。だが、それ以外の日に終わることはない。終わりを迎えるまでのすべての日に私たちは、美しいものを愛《め》で、楽しみを味わい、人生の意味を追求することができる。素晴らしい人生とは、日々の些細なことにも小さな驚きを見つけられる人生のことを言うのだろう。

禅について数々の本を書いたアラン・ワッツは、この考えをさらに発展させた。ワッツは人生を音楽にたとえている。作曲者にとって大切なのは、曲を完成させることではなく、早く完成させればいいというものでもない。また、演奏者も曲の終わりまで早く到達すればいいわけではない。作曲にしても、演奏にしても、大事なのは、完成するまで、演奏を終えるまでの過程で起きることである。[*190] ワッツはこう言っている。「私たちはよく、人生を巡礼の旅にたとえる。巡礼の旅には真剣な目的がある。死後に天国に行くことだ。そこに到達することは確かに大事だろう。だが、そればかりを考えて、旅の途中に起きることに目を向けない人も多い。音楽と同じで、曲が続く間は、誰もが歌い、踊らなくてはいけない」

いつの日か曲は終わるだろう。そのあとになにが起きるのかは誰も知らない。だからといって、曲が終わったあとの沈黙の時をただ待っていてもしかたない。この本を読んでいる人たちの曲はまだ続いている。だから歌い、踊り続けよう。

エピローグ

あなたの身体の原子は、元はすべて爆発した星から来たものだ……あなたもすべては星屑《ほしくず》からできている……星が死ななければ、あなたが今日、ここにいることもなかった。

――ローレンス・クラウス『宇宙が始まる前には何があったのか?』［2012年］

人間には素晴らしい力がある。誰かを愛することも、褒め称えることも、誰かの死を悼むこともできるし、歌うことも、踊ることも、夢見ることもできる。そのすべてが、酸素、炭素、水素などの原子の塊から生じている――それは驚くべきことだし、感謝すべきことだろう。原子の無作為の組み合わせによって生命が、そして人間が生まれるのは、ほぼあり得ない奇跡である。しかも、私たち一人ひとりには他とは違う特別な命が与えられている。そのことに感謝すべきだろう。人間の存在には絶対的な価値はないのかもしれないが、それでも私たちの存在には価値と意味がある。その価値と意味を与えるのは、私たち自身である。

私たちは、人生の根源的な意味を考えるよりも、人生に自分で意味を見出すことを考えるべきだ。

普遍的な人生の意味を考えるのではなく、自分自身の人生に個人的な意味を与えることを考える。私たちは皆、この宇宙で唯一無二の存在である。どうすれば、その存在の意味を、生きる価値を体験できるか考える。自分の存在の意味を体験することは、実はそう難しくはない。そのためにはまず、自分自身とつながることだ。自分にとって意味のある行動を取ること、意味があると思える目標に向かって進むことである。自分が成長できる場所、自分の持っている能力を発揮できる場所を探すことでもある。また、他者とつながることも大事だ。周囲の人たちと良好な関係を築くこと、誰かの助けになること。どれもありきたりに思えるかもしれないが、だからこそ強いとも言える。ありきたりなのは、つまり、あなた自身を含め、誰にとっても当然、価値があることだからだ。過去の時代の亡霊を追い求めるべきではない。今は、昔とは違い、人生の意味が上から与えられる時代ではない。自分の人生の基準は他人に決めさせてはいけない。自分の人生を――そして愛する人たちの人生を――どうすればより意味深いものにできるかだけを考える。単純すぎるようだが、意味ある人生を送るにはそれ以外に方法がない。カミュもこう書いている。

「1つの真実があれば、もしその真実が疑う余地のないものであれば、それだけで存在を導くには十分だ[*191]」

十

深淵に薔薇を投げ込み、こう言うがよい。
「怪物がいても、その怪物が私を呑み込む術を知らないことはありがたい」と。

——フリードリヒ・ニーチェ
『遺された断想』

謝辞

この本を書くには数多くの人の助けが必要だった。私は、実にさまざまな人たち——研究者、哲学者、友人、家族、ホテルのベランダで出会った見知らぬ人など——と話をし、長年の間に多数の刺激的な論文や書籍を読み、楽しんできた。それがなければ、決してこの本は生まれなかっただろう。私が自分ひとりの力で書き上げた本ではないということだ。これまでに会話を交わしてきた人たち、論文や本を書いた人たち、そして大学の同僚たち（彼らに直接、教えを請うことができるのは私の素晴らしい特権だ）などから私が得てきた知恵の結晶のようなもの、と言ったほうが正確だろう。すべての人の名前をあげるのはとても不可能なので、ここでせめて特に大きな貢献をしてくれた一部の方たちに感謝の意を表しておきたい。

まず、シグニー・バーグストロームにお礼を言いたい。偉大な哲学者たちの思想を読みやすい言葉で説明する手助けをしてくれた。どうすれば理解しやすいか、また興味を持って読んでくれるかを、一緒に真剣に考えてくれた。彼女とともに本を書いたことは、私にとって貴重な学びの体験となった。その協力、助言に私は心から感謝している。もちろん、ハーパー・デザインのエリザベス・ヴィスコット・サリヴァンとマータ・スクーラーにもお礼を言わなくてはいけない。二人は何よりもこの本の価値を信じてくれたし、形になるまでの間、大いに助けになってくれた。また、この本を美しくデザインしてくれたロベルト・デ・ヴィック・デ・クンプティックにも感謝している。私のエージェント、エリナ・オールベック、リア・ライオンズとそのチームにも感謝したい。長い間、断片的なアイデア、言葉の羅列にすぎなかったものを完全な本に仕上げ、出版にこぎ着けることができたのは、この人たちの素晴らしい仕事のおかげだ。

　執筆中には、原稿の一部を読んで意見をくれた人や、有意義な話し合いをできた人も大勢いた。そのときに知ったこと、考えたことがこの本をより良いものにするのに役立ったことは間違いない。斬新な発想を与えてくれた人、私の見解に疑問を呈してくれた人、原稿の感想を述べてくれた人、どの人もすべてありがたかった。エド・デシ、アダム・グラント、アンティ・カウピネン、ローラ・キング、ディミトリ・レオンティエフ、ヤニ・マルヤネン、タデウス・メッツ、グレゴリー・パパス、ホリ＝アン・パスモア、アンネ・ビルギッタ・ペッシ、リチャード・ライアン、エサ・サーリネン、エマ・セッパラ、ケノン・シェルドン、マイケル・スティーガー、ヤッコ・タッコカリオ、ウェンセスラオ・ウナヌエ、モニカ・ウォーライン、ヘルシンキ大学〈道徳政治哲学研究セミナー〉の参加者の皆さん、そしてハーバード大学〈人生の意味会議〉の参加者の皆さん、全員に感謝している。中でも、エサ・サーリネン、リチャード・ライアンの貢献が大きかったことは強調しておきたい。二人は私が研究者になってから今までずっと、私にとって大切な、知的な面でのメンターでい続けてくれている。私の今日にいたるまでの人生の旅の中で出会い、成長の助けとなってくれた友人、同僚のすべてに感謝したい。ラウリ、カルキ、タパニをはじめとする〈フィロソフィアン・アカテミア（哲学アカデミー）〉の人たち。エート、ハンナ、ヨハンナ、カレ、マルコス、マッティ、サンナ、レイマなど、哲学をともに学んだ同級生たち。アクセリ、アンティ・H、アンティ・T、ヤンネ、ヨーニ、ユハ、ミッコ、オーリ、ティムル、トウコ、ヴィレなど、読書会やフロアボールの仲間たち。私のきょうだいとその配偶者たち、エーロ、ティア、アンナ、トミ。

ジョン・デューイにも感謝している。一世紀も前の人だが、私の哲学のメンターだ。デューイの書いた文章は私の考えの確固とした基盤になっている。私はデューイという巨人の肩の上に乗っているし、そのことを誇りにも思っている。

最後に、私の両親、ヘイッキとマーリットにも感謝したい。二人の与えてくれた環境に支えられ、後押しされたことで私は成長できた。家に大きな本棚があり、本を読み聞かせる時間を作ってくれることは、子供にとっては最高の贈り物になる。私自身も自分の子供たち、ヴィッケリ、ロキ、トルミに同じことをしたいと思っている。それに最大限の協力をしてくれる妻のピレットに感謝する。家族を持てたこと自体、彼女のおかげだ。家族こそが私にとって最も重要な「生きる意味」である。

推薦図書

- Aristotle, *Nicomachean Ethics*, trans. Robert C. Bartlett & Susan D. Collins. Chicago: University of Chicago Press, 2012. アリストテレス『ニコマコス倫理学』（高田三郎訳、岩波書店、1971年／渡辺邦夫・立花幸司訳、光文社、2015年）
- Beauvoir, Simone de. *Philosophical Writings*, ed. M. A. Simons. Urbana: University of Illinois Press, 2004.
- Camus, Albert. *The Myth of Sisyphus*, trans. Justin O'Brien. New York: Vintage Books, 1955. カミュ『シーシュポスの神話』（清水徹訳、新潮社、1969年）
- Carlyle, Thomas. *Sartor Resartus*. Oxford: Oxford University Press, 1834/1987. トマス・カーライル『カーライル選集1 衣服の哲学』（宇山直亮訳、日本教文社、1962年）
- Ferry, Luc. *Learning to Live: A User's Manual.* Edinburg: Cannongate Books, 2010.
- Frankl, Viktor. *Man's Search for Meaning*. New York: Washington Square Press, 1963. 『夜と霧 新版』（池田香代子訳、みすず書房、2002年）
- Haidt, Jonathan. *The Happiness Hypothesis: Finding Modern Truth in Ancient Wisdom*. New York: Basic Books, 2006. ジョナサン・ハイト『しあわせ仮説：古代の知恵と現代科学の知恵』（藤澤隆史・藤澤玲子訳、新曜社、2011年）
- Hyman, Gavin. *A Short History of Atheism*. New York: I. B. Tauris & Co., 2010.
- Kierkegaard, Søren. *Either/Or*, trans. Howard V. Hong & Edna H. Hong. Princeton, NJ: Princeton University Press, 1988. 『キルケゴール著作集1～4 あれか、これか』（浅井真男、志波一富・新井靖一・棗田光行訳、1995年）
- Klemke, E. D. *The Meaning of Life*. 4th ed. Edited by Steven M. Cahn. New York: Oxford University Press, 2017.
- Landau, Iddo. *Finding Meaning in an Imperfect World*. New York: Oxford University Press, 2017.
- MacIntyre, Alasdair. *After Virtue*, 3rd ed. Notre Dame, IN: University of Notre Dame Press, 2007. アラスデア・マッキンタイア『美徳なき時代』（篠﨑榮訳、みすず書房、1993年）
- May, Todd. *A Significant Life: Human Meaning in a Silent Universe*. Chicago: University of Chicago Press, 2015.
- Metz, Thaddeus. *Meaning in Life: An Analytic Study*. Oxford: Oxford University Press, 2013.
- Sartre, Jean-Paul. *Existentialism Is a Humanism*, trans. Carol Macomber. New Haven: Yale University Press, 2007. J-P・サルトル『実存主義とは何か』（伊吹武彦訳、人文書院、1996年）
- Smith, Emily Esfahani. *The Power of Meaning*. New York: Broadway Books, 2017.
- Taylor, Charles. *The Ethics of Authenticity*. Cambridge, MA: Harvard University Press, 1991. チャールズ・テイラー『〈ほんもの〉という倫理――近代とその不安』（田中智彦訳、産業図書、2004年）
- Taylor, Charles. *A Secular Age*, Cambridge, MA: The Belknap Press of Harvard University Press, 2007. チャールズ・テイラー『世俗の時代』（千葉眞監訳、木部尚志・山岡龍一・遠藤知子・石川涼子・梅川佳子・高田宏史・坪光生雄訳、名古屋大学出版会、2020年）
- Tolstoy, Leo. *Confession*, trans. David Patterson. New York: W. W. Norton & Co., 1983. トルストイ『懺悔』（原久一郎訳、岩波書店、1935年）
- Wilson, Colin. *The Outsider*. London: Pan Books Ltd., 1967. コリン・ウィルソン『アウトサイダー』（中村保男訳、中央公論新社、2012年）

- Newton, Isaac. "General Scholium. An Appendix to *The Mathematical Principles of Natural Philosophy*, vol. 2 " 1729. http://www.newtonproject.ox.ac.uk/.
- Nietzsche, Friedrich. *Nachgelassene Fragmente: Juli 1882 bis winter 1883-1884*, eds Giorgio Colli and Mazzino Montinari. Walter de Gruyter, Berlin, 1977. 『ニーチェ全集（第2期）遺された断想』（杉田弘子訳、白水社、1984年）
- Nin, Anaïs. *The Diary of Anaïs Nin*, Vol. 2, 1934-1939, ed. Gunther Stuhlmann. Orlando, FL: Har- court Brace & Company, 1967.『アナイス・ニンの日記』（矢口裕子訳、水声社、2017年）
- NPR, *All Things Considered*. "President Obama Is Familiar with Finland's Heavy Metal Scene. Are You?," May 17, 2016, https://www.npr.org/2016/05/17/478409307/president-obama-is-familiar-with-finlands-heavy-metal-scene-are-you.
- Sagan, Carl. *Pale Blue Dot: A Vision of the Human Future in Space*. New York: Random House, 1994.『惑星へ』（森暁雄監訳、岡明人・五十嵐道子・辻篤子・瀬川茂子訳、朝日新聞社、1996年）
- Seneca, "Letters, Book II, Letter XLVIII." Quoted in Stephen Salkever, ed., *The Cambridge Companion to Ancient Greek Political Thought*. New York: Cambridge University Press, c. 65 CE/2009.
- Smith, Adam. *The Theory of Moral Sentiments,* ed. D. Raphael & A. Macfie. Indianapolis: Liberty Fund, 1759/1982.『道徳感情論』（村井章子・北川知子訳、日経BP、2014年）
- Street, Sharon. "A Darwinian Dilemma for Realist Theories of Value, "*Philosophical Studies* 127, no. 1, 2006.
- Taylor, Charles. *A Secular Age*. Cambridge, MA: The Belknap Press of Harvard University Press, 2007.『世俗の時代』（千葉眞監訳、木部尚志・山岡龍一・遠藤知子・石川涼子・梅川佳子・髙田宏史・坪光生雄訳、名古屋大学出版会、2020年）
- Tolstoy, Leo. "Letter to Valerya," Quoted in Henri Troyat, *Tolstoy*, trans. Nancy Amphoux. New York: Grove Press, 1967.
- Updike, John. "Picked-up Pieces, Moments from a Half Century of Updike, "*The New Yorker*, February 2, 2009.
- Vonnegut, Kurt. *Cat's Cradle*. New York: Dial Press, 1963/2010.『猫のゆりかご』（伊藤典夫訳、早川書房、1979年）
- Worline, Monica C. and Jane E. Dutton. *Awakening Compassion at Work: The Quiet Power that Elevates People and Organizations*. Oakland, CA: Berrett-Koehler Publishers, 2017.
- Wuthnow, Robert. *Acts of Compassion: Caring for Others and Helping Ourselves*. Princeton, NJ: Princeton University Press, 1991.

参考文献

・Baggini, Julian. "Revealed: The Meaning of Life," *The Guardian*, September 20, 2004. https://www.theguardian.com/theguardian/2004/sep/20/features11.g2.

・Baumeister, Roy F., Kathleen Vohs, Jennifer Aaker, and Emily Garbinsky, "Some Key Differences Between a Happy Life and a Meaningful Life," *The Journal of Positive Psychology* 8, no. 6 (2013).

・Beauvoir, Simone de. *The Coming of Age*, trans. Patrick O'Brian. New York: W. W. Norton & Co., 1970/1996.『老い』(朝吹三吉訳、人文書院、2013年)

・Burroughs, William S. *Naked Lunch*. New York: Grove Press, 1959/2001.『裸のランチ』(鮎川信夫訳、河出書房新社、2003年)

・Camus, Albert. *The Myth of Sisyphus*, trans. Justin O'Brien. New York: Vintage Books, 1955.『シーシュポスの神話』(清水徹訳、新潮社、1969年)

・Carlyle, Thomas. *Sartor Resartus*. Oxford: Oxford University Press, 1834/1987.『カーライル選集1 衣服の哲学』(宇山直亮訳、日本教文社、1962年)

・Carlyle, Thomas. *On Heroes, Hero-worship, and The Heroic in History*. London: Chapman and Hall, 1840.『英雄と英雄崇拝』(入江勇起男訳、日本教文社、2014年)

・Coelho, Paulo. *Eleven Minutes*. New York: HarperCollins, 2005.『11分間』(旦敬介訳、角川書店、2006)

・Covey, Stephen, A. Roger Merrill, and Rebecca R. Merrill. *First Things First*. New York: Fireside, 1995.『7つの習慣 最優先事項――「人生の選択」と時間の原則(宮崎伸治訳、キングベアー出版、2000年)』

・Emerson, Ralph Waldo. "Self-reliance," *The Essential Writings of Ralph Waldo Emerson.* New York: Modern Library, 1841/2000.『自己信頼』(伊東奈美子訳、海と月社、2009年)

・Haidt, Jonathan. *The Happiness Hypothesis: Finding Modern Truth in Ancient Wisdom*. New York: Basic Books, 2006.『しあわせ仮説:古代の知恵と現代科学の知恵』(藤澤隆史・藤澤玲子訳、新曜社、2011年)

・Hyman, Gavin. *A Short History of Atheism*. New York: I. B. Tauris & Co., 2010.

・James, William. "Is Life Worth Living?" *The Will to Believe and Other Essays in Popular Philosophy*. New York: Dover Publications, 1897/1956.

・Kierkegaard, Søren. "Repetition," *The Essential Kierkegaard*, ed. Howard V. Hong & Edna H. Hong. Princeton, NJ: Princeton University Press, 1843/2013.『反復』(桝田啓三郎訳、岩波書店、1983年)

・Krauss, Lawrence. "A Universe From Nothing," AAI 2009での講義。YouTubeで見ることもできる。https://www.youtube.com/watch?v=7ImvlS8PLIo.

・Mill, John Stuart. *Autobiography*. London: Penguin Books, 1873/1989.『ミル自伝』(村井章子訳、みすず書房、2008年、原著は1873年)

Cultural Orientations and Well-Being," *Journal of Personality and Social Psychology* 84, no. 1 (2003), 97-110; Beiwen Chen, Maarten Vansteenkiste, Wim Beyers, Liesbet Boone, Edward L. Deci, Jolene Van der Kaap-Deeder, et al., "Basic Psychological Need Satisfaction, Need Frustration, and Need Strength Across Four Cultures," *Motivation and Emotion* 39, no. 2 (2015), 216-236など。

171. Chirkov et al., "Differentiating Autonomy from Individualism and Independence."

172. Richard M. Ryan & Edward L. Deci, "Self-Determination Theory and the Facilitation of Intrinsic Motivation, Social Development, and Well-Being," *American Psychologist* 55, no. 1 (2000), 68-78.

173. Robert Wuthnow, *Acts of Compassion: Caring for Others and Helping Ourselves* (Princeton, NJ: Princeton University Press, 1991).

174. Jean-Paul Sartre, *No Exit and Three Other Plays* (New York: Vintage Books, 1989), 102に収録されたサルトルの戯曲『蝿』の第2幕で、ゼウスがアイギストスにこう言う。

175. Frankl, *Man's Search for Meaning*, 104.『夜と霧 新版』

176. Ryan & Deci, *Self-Determination Theory*.

第 12 章

177. MacIntyre, *After Virtue*.『美徳なき時代』の第10章を参照。

178. MacIntyre, *After Virtue*, 122.『美徳なき時代』

179. ロールズはこれをアリストテレス的原理と呼んでいる。John Rawls, *A Theory of Justice*, rev. ed. (Cambridge, MA: Harvard University Press, 2003).『正義論』(川本隆史・福間聡・神島裕子訳、紀伊國屋書店、2010年)

180. 人間はすごい——YouTubeを見ていると、"とてつもないことをするごく普通の人たち"が数多くいるとわかる。

181. Mihaly Csikszentmihalyi, *Flow: The Psychology of Optimal Experience* (New York: Harper Perennial, 1991).『フロー体験 喜びの現象学』(今村浩明訳、世界思想社、1996年)

182. Csikszentmihalyi, *Flow*, 4.『フロー体験 喜びの現象学』

183. Pew Research Center, "Where Americans Find Meaning in Life."

184. 能力は、意味の源泉の中でも、他に比べて直接の研究の対象になることが少なかったという点には注目するべきだろう。この本の執筆時点では、能力が人生の意味にどの程度、影響するかについての研究はまだ不足していると言える。ここではいちおう、能力が重要とは書いているが、現時点ではまだ論理的にそう言えるというに過ぎない。Martela et al., "Meaningfulness as Satisfaction of Autonomy, Competence, Relatedness, and Beneficence"も参照。

185. Emily Esfahani Smith, *The Power of Meaning: Crafting a Life That Matters* (London: Rider, 2017), 229-230.

186. Tolstoy, *My Confession*, in *The Meaning of Life*, 14.

187. Seppälä, Emma, *The Happiness Track: How to Apply the Science of Happiness to Accelerate Your Success* (New York: HarperCollins, 2016).『自分を大事にする人がうまくいく〜スタンフォードの最新「成功学」講義』(高橋佳奈子訳、大和書房、2017年)

188. John Dewey, *How We Think* (New York: Cosimo, 2007), 219. Originally published in 1910.『思考の方法』(植田清次訳、春秋社、1950年)

189. Tolstoy, *My Confession*, in *The Meaning of Life*, 13.

190. Alan W. Watts, *The Tao of Philosophy*, edited transcripts (North Clarendon, VT: Tuttle Publishing, 2002), 77-78. 講義を息子のマーク・ワッツが文字に起こしたもの。

191. Camus, *The Myth of Sisyphus*, 63.『シーシュポスの神話』

of Mortality: A Meta-Analysis," *Psychology and Aging* 28, no. 2 (2013), 564-577.

154. Michael J. Poulin, Stephanie L. Brown, Amanda J. Dillard & Dylan M. Smith, "Giving to Others and the Association Between Stress and Mortality," *American Journal of Public Health* 103, no. 9 (2013), 1649-1655.

155. Stephanie L. Brown, Dylan M. Smith, Richard Schulz, Mohammed U. Kabeto, Peter A. Ubel, Michael Poulin, et al., "Caregiving Behavior Is Associated with Decreased Mortality Risk," *Psychological Science* 20, no. 4 (2009), 488-494.

156. Elizabeth W. Dunn, Lara B. Aknin & Michael I. Norton, "Spending Money on Others Promotes Happiness," *Science* 319, no. 5870 (2008), 1687-1688.

157. Lara B. Aknin, Christopher P. Barrington-Leigh, Elizabeth W. Dunn, John F. Helliwell, Justine Burns, Robert Biswas-Diener, et al., "Prosocial Spending and Well-Being: Cross-Cultural Evidence for a Psychological Universal," *Journal of Personality and Social Psychology* 104, no. 4 (2013), 635-652.

158. Lara B. Aknin, Tanya Broesch, J. Kiley Hamlin & Julia W. Van de Vondervoort, "Prosocial Behavior Leads to Happiness in a Small-Scale Rural Society," *Journal of Experimental Psychology: General* 144, no. 4 (2015), 788-795.

159. Jorge Moll, Frank Krueger, Roland Zahn, Matteo Pardini, Ricardo de Oliveira-Souza & Jordan Grafman, "Human Fronto-Mesolimbic Networks Guide Decisions About Charitable Donation," *Proceedings of the National Academy of Sciences of the United States of America* 103, no. 42 (2006), 15623-15628.

160. Amy Wrzesniewski & Jane E. Dutton, "Crafting a Job: Revisioning Employees as Active Crafters of Their Work," *The Academy of Management Review* 26, no. 2 (2001), 179-201, 191.

161. Adam Grant, "8 Ways to Say No Without Ruining Your Reputation," Huffington Post, March 12, 2014. https://www.huffpost.com/entry/8-ways-to-say-no-without_b_4945289.

162. Netta Weinstein & Richard M. Ryan, "When Helping Helps: Autonomous Motivation for Prosocial Behavior and Its Influence on Well-Being for the Helper and Recipient," *Journal of Personality and Social Psychology* 98, no. 2 (2010): 222-244.

163. Martela et al., "Meaningfulness as Satisfaction of Autonomy, Competence, Relatedness, and Beneficence"; Martela & Riekki, "Autonomy, Competence, Relatedness, and Beneficence."

第 11 章

164. Richard Taylor, "The Meaning of Life," in *Life and Meaning: A Philosophical Reader*, ed. Oswald Hanfling, (Oxford: Blackwell, 1991), 39-48.

165. Lawrence C. Becker, "Good Lives: Prolegomena," *Social Philosophy and Policy* 9, no. 2 (1992), 15-37, 20.

166. Tolstoy から N. N. Strakhov への手紙。1876年4月。George Gibian, ed., *Anna Karenina-A Norton Critical Edition* (New York: W. W. Norton & Company), 751に引用されている。

167. Rebecca J. Schlegel, Joshua A. Hicks, Laura A. King & Jamie Arndt, "Feeling Like You Know Who You Are: Perceived True Self-Knowledge and Meaning in Life," *Personality and Social Psychology Bulletin* 37, no. 6 (2011), 745-756.

168. Rebecca J. Schlegel, Joshua A. Hicks, Jamie Arndt & Laura A. King, "Thine Own Self: True Self-Concept Accessibility and Meaning in Life," *Journal of Personality and Social Psychology* 96, no. 2 (2009), 473-490などを参照。

169. Ryan & Deci, *Self- Determination Theory*を参照。

170. たとえば、Valery Chirkov, Richard M. Ryan, Youngmee Kim & Ulas Kaplan, "Differentiating Autonomy from Individualism and Independence: A Self-Determination Theory Perspective on Internalization of

M. Graham, "Family as a Salient Source of Meaning in Young Adulthood," *The Journal of Positive Psychology* 5, no. 5 (2010), 367-376.

140. Pew Research Center, "Where Americans Find Meaning in Life," November 20, 2018, https://www.pewforum.org/2018/11/20/where-americans-find-meaning-in-life/.

141. Lambert et al., "Family as a Salient Source of Meaning"; Nathaniel M. Lambert, Tyler F. Stillman, Joshua A. Hicks, Shanmukh Kamble, Roy F. Baumeister & Frank D. Fincham, "To Belong Is to Matter: Sense of Belonging Enhances Meaning in Life," *Personality and Social Psychology Bulletin* 39, no. 11 (2013): 1418- 1427; Martela et al., "Meaningfulness as Satisfaction of Autonomy, Competence, Relatedness, and Beneficence."

142. Tyler F. Stillman, Roy F. Baumeister, Nathaniel M. Lambert, A. Will Crescioni, C. Nathan DeWall & Frank D. Fincham, "Alone and Without Purpose: Life Loses Meaning Following Social Exclusion," *Journal of Experimental Social Psychology* 45, no. 4 (2009), 686-694.

143. Robert D. Putnam, *Bowling Alone: The Collapse and Revival of American Community* (New York: Simon & Schuster, 2001). 批評は、Claude S. Fischer, "Bowling Alone: What's the Score?" Social Networks 27, no. 2 (2005), 155-167などを参照。

144. Jüri Allik & Anu Realo, "Individualism-Collectivism and Social Capital," *Journal of Cross-Cultural Psychology* 35, no. 1 (2004): 29-49, 34-35.

145. 私はこの話をヒンツァの友人で同僚でもあるユハ・アクラスから聞いた。また、Aki Hintsa & Oskari Saari, "*The Core: Better Life, Better Performance*", trans. D. Robinson (Helsinki: WSOY, 2015), 196-198にも書かれている。

146. Leena Valkonen, "Millainen on Hyvä Äiti Tai Isä? : Viides- Ja Kuudesluokkalaisten Lasten Vanhemmuuskäsitykset／良い父親、良い母親とはなにか？ 5・6年生の親に求められるもの" (Jyväskylä: University of Jyväskylä, 2006), 42. Hintsa & Saari, *The Core*にも引用されている。

第10章

147. Frank Martela, "Meaningfulness as Contribution," *The Southern Journal of Philosophy* 55, no. 2 (2017): 232-256.

148. Frank Martela & Richard M. Ryan, "Prosocial Behavior Increases Well-Being and Vitality Even Without Contact with the Beneficiary: Causal and Behavioral Evidence," *Motivation and Emotion* 40, no. 3 (2016), 351-357.

149. Blake A. Allan, Ryan D. Duffy & Brian Collisson, "Helping Others Increases Meaningful Work: Evidence from Three Experiments," *Journal of Counseling Psychology* 65, no. 2 (2017), 155-165. Daryl R. Van Tongeren, Jeffrey D. Green, Don E. Davis, Joshua N. Hook & Timothy L. Hulsey, "Prosociality Enhances Meaning in Life," *The Journal of Positive Psychology* 11, no. 3 (2015), 225-236などを参照。

150. この箇所は、2018年9月7日の*Scientific American Observations*に"Exercise, Eat Well, Help Others: Altruism's Surprisingly Strong Health Impact"というタイトルで発表した記事を掲載したブログをもとに書いている。https://blogs.scientificamerican.com/observations/exercise-eat-well-help-others-altruisms-surprisingly-strong-health-impact/.

151. Ashley V. Whillans, Elizabeth W. Dunn, Gillian M. Sandstrom, Sally S. Dickerson & Kenneth M. Madden, "Is Spending Money on Others Good for Your Heart?" *Health Psychology* 35, no. 6 (2016), 574-583.

152. Stephanie L. Brown, Randolph M. Nesse, Amiram D. Vinokur & Dylan M. Smith, "Providing Social Support May Be More Beneficial Than Receiving It: Results from a Prospective Study of Mortality," *Psychological Science* 14, no. 4 (2003), 320-327.

153. Morris A. Okun, Ellen WanHeung Yeung & Stephanie Brown, "Volunteering by Older Adults and Risk

129. 特に、慈善への欲求が満たされないことが、基礎的な3つの欲求が満たされない場合のように不幸につながると認められているわけではない。しかし、慈善への欲求が満たされれば、基礎的な3つの欲求が満たされた場合と同様、幸福感と、人生の意味を感じることにつながるのは確かだ。おそらく基礎的な3つの欲求をさらに補強するようなものなのだろう。Martela & Ryan 2019: "Distinguishing Between Basic Psychological Needs And Basic Wellness Enhancers: The Case of Beneficence as a Candidate Psychological Need." *Motivation and Emotion*, advance online publication. 10.1007/511031-019-09800を参照。

130. Frank Martela, Richard M. Ryan & Michael F. Steger, "Meaningfulness as Satisfaction of Autonomy, Competence, Relatedness, and Beneficence: Comparing the Four Satisfactions and Positive Affect as Predictors of Meaning in Life," *Journal of Happiness Studies* 19, no. 5 (2018), 1261-1282を参照。この論文では、4つの意味の源泉に関して私が知っている中で最も重要な研究についても触れている。Frank Martela & Tapani J. J. Riekki, "Autonomy, Competence, Relatedness, and Beneficence: A Multicultural Comparison of the Four Pathways to Meaningful Work," *Frontiers in Psychology* 9 (2018), 1-14も参照。

131. 3つの基礎的な欲求を価値観の中心に据えることに関しては、F. Martela, "Four reasonable, Self-Justifying Values-How to Identify Empirically Universal Values Compatible with Pragmatist Subjectivism," *Acta Philosophica Fennica*, 94 (2018), 101-128という論文でより哲学的な考察をしている。

132. 世界の人々の価値観についておそらく最も包括的な研究をしているのは、イスラエルの社会心理学者、シャローム・シュワルツだろう。シュワルツは、1990年代から、100を超える国々の人々を対象に多数の調査を実施している。その調査により、あらゆる文化で普遍的に価値があるとされる人間の特性がいくつも見つかった。たとえば、自律性、高い能力、良好な人間関係、慈善などはそうした普遍的な特性である。自らの道を自分で決められること、大きな成果を上げられること、他人を思いやり親切にできることは、どの文化でも良いこととされるわけだ。また、「自律性、良好な人間関係、高い能力とつながりの深い特性はどれも、普遍的に、どの文化でも一致して重要とみなされる」とシュワルツは認めている。Ronald Fischer & Shalom Schwartz, "Whence Differences in Value Priorities? : Individual, Cultural, or Artifactual Sources," *Journal of Cross-Cultural Psychology*, 42, no. 7 (2011), 1127-1144. シュワルツが重要とみなした特性と、この本で触れた基本的な3つの要求とは、定義から見てまったく同じものではない。両者について考える際にはその違いを考慮に入れる必要がある。しかし、それでも両者には共通点も多いので、私としては、基本的な3つの要求の普遍的な重要性をシュワルツも認めたと考えていいと思っている。シュワルツは、慈善は2つの種類に分けられるとしている。1つは、友人間の助け合いのような慈善。この場合は、一方が何かをしてもらったら、もう一方もお返しに何かをする、という関係が見られる。もう1つは、ただ誰かが一方的に誰かを助ける慈善だ。Shalom Schwartz, Jan Cieciuch, Michele Vecchione, Eldad Davidov, Ronald Fischer, Constanze Beierlein et al., "Refining the Theory of Basic Individual Values," *Journal of Personality and Social Psychology*, 103, no. 4 (2012), 663-688を参照。

133. Christopher P. Niemiec, Richard M. Ryan & Edward L. Deci, "The Path Taken: Consequences of Attaining Intrinsic and Extrinsic Aspirations in Post-College Life," *Journal of Research in Personality* 43, no. 3 (2009), 291-306.

第 9 章

134. Kauppinen, "Meaningfulness and Time," 364.

135. Roy Baumeister & Mark Leary, "The Need to Belong: Desire for Interpersonal Attachments as a Fundamental Human Motivation," *Psychological Bulletin*, 117, no. 3 (1995), 497-529.

136. Arthur Aron, Elaine N. Aron, Michael Tudor & Greg Nelson, "Close Relationships as Including Other in the Self," *Journal of Personality and Social Psychology* 60, no. 2 (1991), 241-253.

137. Yawei Cheng, Chenyi Chen, Ching Po Lin, Kun Hsien Chou, & Jean Decety, "Love Hurts: An fMRI Study," *Neuroimage* 51, no. 2 (2010), 923-929.

138. Maurice Merleau-Ponty, *Phenomenology of Perception*, trans. C. Smith (London: Routledge, 2002 [1945]), 413.

139. Nathaniel Lambert, Tyler F. Stillman, Roy F. Baumeister, Frank D. Fincham, Joshua A. Hicks & Steven

念ながら、時間とスペースが足りない。

110. これは、デューイアン実用主義哲学者の中核となる考え方である。Gregory Pappas, *John Dewey's Ethics: Democracy as Experience* (Bloomington: Indiana University Press, 2008)を参照。

111. Simone de Beauvoir, *Philosophical Writings*, ed. M. A. Simons (Urbana: University of Illinois Press, 2004) 収録の "Pyrrhus and Cineas"、"Introduction to an Ethics of Ambiguity"等の論文を参照。

112. 論文 "Introduction to an Ethics of Ambiguity," trans. by Marybeth Timmermann. In Beauvoir, *Philosophical Writings*, 291を参照。

113. Beauvoir, *Philosophical Writings*, 293.

114. このような倫理的成長についての考え方、そのルーツがプラグマティズムにあることなどは、Frank Martela, "Is Moral Growth Possible for Managers?," in *Handbook of Philosophy of Management*, ed. Cristina Neesham & Steven Segal. Advance online publication, doi:10.1007/978-3-319-48352 -8_18-1に書いている。

115. Frankl, *Man's Search for Meaning*, p112.『夜と霧 新版』この引用は、2006年のBeacon Press版より。

116. Pappas, *John Dewey's Ethics*, 152.

117. John Dewey, *Human Nature and Conduct* (New York: Henry Holt and Company, 1922), 196.『人間性と行為：社會心理學序説』(東宮隆訳、春秋社、1953年)

118. Aristotle, *Nicomachean Ethics*, 1096b:3-4.『ニコマコス倫理学』

119. Samuel Beckett, *Waiting for Godot* (New York: Grove Press, 1954), 80.『ゴドーを待ちながら』(安堂信也・高橋康也訳、白水社、2013年)

120. Tim Urban, "The Tail End," *Wait But Why*, December 11, 2015, https://waitbutwhy.com/2015/12/the-tail-end.html.

121. *Ferris Bueller's Day Off*, Los Angeles: Paramount Pictures, 1986. ジョン・ヒューズ監督、マシュー・ブロデリック主演『フェリスはある朝突然に』

第8章

122. 個人特有の人生の意味と大勢に共通する人生の意味をこのように区別するのは、チェシャー・キャルフーンが「あらゆる人にとっての理由(reasons-for-anyone)」と「私にとっての理由(reasons-for-me)」を区別するのに似ている。Cheshire Calhoun, *Doing Valuable Time: The Present, the Future, and Meaningful Living* (New York: Oxford University Press, 2018)を参照。

123. John Dewey, *Theory of Valuation* (Chicago: The University of Chicago Press, 1939).

124. このテーマについては、Frank Martela, "Moral Philosophers as Ethical Engineers: Limits of Moral Philosophy and a Pragmatist Alternative," *Metaphilosophy* 48, no. 1-2 (2017): 58-78という論文にさらに詳しく書いている。

125. Edward L. Deci & Richard M. Ryan, "The 'What' and 'Why' of Goal Pursuits: Human Needs and the Self-Determination of Behavior," *Psychological Inquiry* 11, no. 4 (2000), 227-268; Richard M. Ryan & Edward L. Deci, *Self-Determination Theory: Basic Psychological Needs in Motivation, Development, and Wellness* (New York: Guilford Press, 2017). 自己決定理論については私もFrank Martela, "Self-Determination Theory," in *The Wiley Encyclopedia of Personality and Individual Differences: Vol. I. Models and Theories*, ed. Bernardo J. Carducci & C. S. Nave (Hoboken, NJ: John Wiley & Sons, in press)で簡単な紹介をしているので、そちらも参照。

126. Deci & Ryan, "The 'What' and 'Why' of Goal Pursuits," 229.

127. Deci & Ryan "The 'What' and 'Why' of Goal Pursuits"; Ryan & Deci, *Self-Determination Theory*.

128. Frank Martela & Richard M. Ryan, "The Benefits of Benevolence: Basic Psychological Needs, Beneficence, and the Enhancement of Well-Being," *Journal of Personality* 84, no. 6 (2016), 750-764.

95. Hyman, *A Short History of Atheism*, p20 〜 26で、デカルトの著書で起きた変遷を分析。

96. MacIntyre, *After Virtue*『美徳なき時代』などを参照。

97. Baumeister, "How the Self Became a Problem."

98. Hyman, *A Short History of Atheism*, xvi-xviiでは、世界を支配し、制御する対象とみなし、そして進歩の概念は、近代の世界観の主要な、また決定的な特徴であるとしている。

99. さらに、ヨーロッパの特殊な政治状況も、新しい考え方にとって都合が良かった。たとえば、中央集権的な中国では、皇帝が自らの権力によって、人民が自分の考えを多くの人に伝えることに制限を加えていたが、ヨーロッパの知的エリートたちは国を超えて結束し、絶えず自由に意見を交換し合っていた。しかし、政治的にはヨーロッパは決して一体だったわけではなく、多数の都市国家、王国に分かれていた。限界を設けられることがないので、思想家たちの発想は際限なく発展し続けることになる。統治者の中にも、時折、進歩的で寛容な人が現れたので、仮に自分のいる場所で自由が制限されるようなことがあっても、より自由な土地に移住してしまえばよかった。ヨーロッパが歴史的に、このような特異な状況にあったことは見逃せないだろう。政治的には中央集権化が進まず、文化的には一体化されていたという点は重要だ。そのことが、哲学、天文学、政治学など、さまざまな分野の思想の急激な革新を促した。

100. 正式な信仰を持たない人たちのうち、約3分の1 (31%) は、自分のことを無神論者、あるいは不可知論者と考えていて、約3分の1 (39%) は、宗教は自分の人生にとって重要でないと考えている。そして残り約3分の1 (30%) は、宗教は少なくともある程度、人生にとって重要なものであるが、自分は特定の宗教を信仰してはいないと言っている。3つ目のグループは、神や霊的な存在を何らかのかたちで信じてはいるのだが、特定の宗教、宗派の信者とはなっていないということである。自分なりの神がいても、自分なりのやり方で信じている。Pew Research Center, *America's Changing Religious Landscape*, Pew Research Report, 2015を参照。

101. Pew Research Center, *America's Changing Religious Landscape*.

102. この数字は、Ariela Keysar, & Juhem Navarro-Rivera, "A World of Atheism," *The Oxford Handbook of Atheism*, ed. S. Bullivant & M. Ruse, 553-585, (New York: Oxford University Press, 2013) に載ったInternational Social Survey Programme (ISSP) 2008からの引用である。正式な信仰を持たない人に関するデータは、Pew Research Center, *The Future of World Religions: Population Growth Projections, 2010-2050*, Pew Research Report, 2015から得た。データによれば、中国、香港では、チェコ共和国やエストニアなどと同様、人口の半数を超える人たちが、正式な信仰を持っていない。

103. 神の存在を確信する人の割合と不在を確信する人の割合は、ISSP 2008調査のデータで確認した。Keysar & Navarro-Rivera, "A World of Atheism," 577を参照。

104. Robert D. Putnam & David E. Campbell, *American Grace: How Religion Divides and Unites Us* (New York: Simon & Schuster), 4.『アメリカの恩寵——宗教は社会をいかに分かち、結びつけるのか』(柴内康文訳、柏書房、2019年)

105. Taylor, *A Secular Age*.『世俗の時代』

106. Putnam & Campbell, *American Grace*, 6.『アメリカの恩寵——宗教は社会をいかに分かち、結びつけるのか』

107. Carlyle, *Sartor Resartus*, 147.『衣服の哲学』

第7章

108. ここでは、個人的な「人生の意味」について説明している。哲学者の中にも、この個人的な人生の意味と、普遍的、客観的な人生の意味を同一視する人がいる。その人にとっての主観的な「意味深さ」ではなく、人生の「本当の」意味とは何かを考えてしまう人たちだ。

109. 現在では、分析哲学者の多くが客観的な自然主義者だという点にも注意すべきだろう。自然主義を受け入れてはいても、同時に客観論も何らかのかたちで保つことができると考えている。Metz, *Meaning in Life*や、Antti Kauppinen, "Meaningfulness," *Routledge Handbook of The Philosophy of Well-Being*, ed. G. Fletcher, 281-291 (Abingdon, UK: Routledge, 2015) などを参照。こうした態度の良い点、悪い点にも触れたいが、残

Joshua P. Hochschild, "What 'the Meaning of Life' Replaced," https://thevirtueblog.com/2017/12/18/what-the-meaning-of-life-replaced/.

78. Thomas Carlyle, *Sartor Resartus* (Oxford: Oxford University Press, 1987)『カーライル選集 1 衣服の哲学』(宇山直亮訳、日本教文社、1962年)の、ケリー・マクスウィーニー、ピーター・セイバーによる序文を参照。

79. 哲学者のウェンデル・オブライエンによれば、カーライルの著書は、知られている限り、文学史上はじめて「人生の意味(meaning of life)」という言葉が使われた例ということになる。『オックスフォード英語辞典(*The Oxford English Dictionary*)』でもやはり、カーライルの著書を、この言葉の最初の使用例としてあげている。私自身も調査し、何人かの専門家にも尋ねてみたが、誰かがこれ以前に「人生の意味(meaning of life)」という言葉を使っている例を見つけることはできなかった。誤りの可能性もまだあるが、現時点では、少なくとも英語の"meaning of life"という言葉は、1833年から34年にかけてトマス・カーライルが作ったと言わざるを得ない。おそらく、その数年前にドイツのロマン主義者たちが使い始めた"人生の意義(der Sinn des Lebens)"という言葉に触発されたのだろう。Wendell O'Brien, "The Meaning of Life: Early Continental and Analytic Perspectives," *Internet Encyclopedia of Philosophy* (2014). http://www.iep.utm.edu/mean-ear/を参照。

80. Carlyle, *Sartor Resartus*.『衣服の哲学』

81. Carlyle, *Sartor Resartus*.『衣服の哲学』ここでの記述は、原著のp87, 89, 127, 140, 149が基になっている。

82. Carlyle, *Sartor Resartus*, 211.『衣服の哲学』

83. Søren Kierkegaard, *Either/Or*, trans. Howard V. Hong & Edna H. Hong (Princeton, NJ: Princeton University Press, 1988), 31.『キルケゴール著作集1 〜 4 あれか、これか』(浅井真男、志波一富・新井靖一・棗田光行訳、1995年)

84. Arthur Schopenhauer, *On Human Nature*, trans. Thomas Bailey Saunders (New York: Cosimo, 2010), 62. "人生の意義(Sinn des Lebens)"という言葉は、やはりショーペンハウアーの重要な著作である*Die Welt als Wille und Vorstellung*『意志と表象としての世界』(西尾幹二訳、中央公論新社、2004年)にも見られる。

85. Leo Tolstoy, *Tolstoy's Diaries, Volume I*, 1847-1894, ed. R. F. Christian (London: The Athlone Press, 1985), 191.

86. Tolstoy, *Confession*, 33-34.『懺悔』

87. Tolstoy, *My Confession*, in *The Meaning of Life*, 2nd ed., ed. E. D. Klemke, trans. Leo Wierner, 11-20. (New York: Oxford University Press, 200), 15.

88. Jaakko Tahkokallio, *Pimeä aika* (Helsinki: Gaudeamus, 2019).

89. ケプラーによる "Letter to Mästlin" より。James R. Voelkel, *The Composition of Kepler's Astronomia Nova* (Princeton, NJ: Princeton University Press, 2001), 33に引用されている。

90. ここでの"atheism"の歴史に関する記述は、Gavin Hyman, *A Short History of Atheism* (New York: I. B. Tauris & Co., 2010), 3-7による。この本によれば、古代ギリシャ、古代ローマの思想家の中には、時折、彼の言う「ソフトな無神論者」がいたという。思想が自由だったことから、傑出した人物の中には、神にそれまでとは違う新たな役割を持たせるような、あるいは神の役割のほとんどを否定するような知的理論を独自に提案する人もいた。ただし、そのような思想家の数は多くなく、宗教的な慣習を拒絶していたわけでもない。超越的な存在そのものを完全に否定していたわけでもなかった。

91. Hyman, *A Short History of Atheism*, 7.

92. Tolstoy, *My Confession*, in *The Meaning of Life*, 19.

第6章

93. Alain de Botton, "How Romanticism Ruined Love," July 19, 2016, https://www.abc.net.au/religion/how-romanticism-ruined-love/10096750.

94. Douglas Adams, *The Hitchhiker's Guide to the Galaxy* (New York: Ballantine Books, 2009), 161.『銀河ヒッチハイク・ガイド』(安原和見訳、河出書房新社、2005年)

no. 2 (2019): 276-283も参照。

62. Yuval Harari, *Sapiens: A Brief History of Humankind* (New York: Harper, 2015).『サピエンス全史——文明の構造と人類の幸福』(柴田裕之訳、河出書房新社、2016年)

63. William A. Roberts, "Are Animals Stuck in Time?" *Psychological Bulletin* 128, no. 3 (2002): 473-489を参照。William A. Roberts, "Mental Time Travel: Animals Anticipate the Future," *Current Biology* 17, no. 11 (2007): R418-R420も参照。一部の動物が未来を予測でき、エピソード記憶らしきものを持っているとする証拠が検証されている。人間と他の動物との違いは実はそれほど明確なわけではなく、他の動物が少しだけ持っているものを人間はずっと多く持っているにすぎない場合がほとんどだ。

64. Antti Kauppinen, "Meaningfulness and Time," *Philosophy and Phenomenological Research* 84, no. 2 (2012): 345-377, 368.

65. Adam Waytz, Hal E. Hershfield & Diana I. Tamir, "Mental Simulation and Meaning in Life," *Journal of Personality and Social Psychology* 108, no. 2 (2015): 336-355, study 1.

66. ダンバーなども言っているとおり、人間の社会性、つまり集団で生活することが、この人間独自の内省の能力を発達させる大きな要因になったと考えられる。また、ハイトなども言っているとおり、行動を正当化する必要が生じたのも、人間が社会的動物で、周囲に他者がいたからだという可能性が高い。Robin I. M. Dunbar, "The Social Brain Hypothesis," *Evolutionary Anthropology: Issues, News, and Reviews* 6, no. 5 (1998): 178-190とJonathan Haidt, "The Emotional Dog and Its Rational Tail: A Social Intuitionist Approach to Moral Judgment," *Psychological Review* 108 (2001): 814-834を参照。

67. Frank Martela & Michael F. Steger, "The Three Meanings of Meaning in Life: Distinguishing Coherence, Purpose, and Significance," *The Journal of Positive Psychology*, 11, no. 5 (2016): 531-545を参照。

68. Erich Fromm, *Escape from Freedom* (New York: Avon Books, 1965), p. viii. The first edition of the book was published in 1941.『自由からの逃走』(日高六郎訳、東京創元社、1952年)

69. Fromm, *Escape from Freedom*, xii.『自由からの逃走』

70. Michael F. Steger, Yoshito Kawabata, Satoshi Shimai & Keiko Otake, "The Meaningful Life in Japan and the United States: Levels and Correlates of Meaning in Life," *Journal of Research in Personality* 42, no. 3 (2008), 660-678.

第5章

71. Charles Taylor, *A Secular Age* (Cambridge, MA: The Belknap Press of Harvard University Press, 2007).『世俗の時代』(千葉眞監訳、木部尚志・山岡龍一・遠藤知子・石川涼子・梅川佳子・高田宏史・坪光生雄訳、名古屋大学出版会、2020年)1500年代に生きた人々の世界観については、ほぼこの本の第1章を基に書いている。

72. Taylor, *A Secular Age*, 42, based on Stephen Wilson, The Magical Universe (London: Hambledon & London, 2004).

73. Max Weber, *The Sociology of Religion* (Boston: Beacon Press, 1971).

74. もちろん、土着の神々を信じる世界観が、ただ1人の神を信じる世界観に変わるには、大きな飛躍が必要になるのだが、この、いわゆる「枢軸革命」がどういうもので、世界観は具体的にどう変わったのかといったことは、スペースの都合上、この本には書けない。

75. Aristotle, *Nicomachean Ethics*, trans. Robert C. Bartlett & Susan D. Collins (Chicago: University of Chicago Press, 2012), 1094a:18-20.『ニコマコス倫理学』(高田三郎訳、岩波書店、1971年ほか)

76. Aristotle, *Nicomachean Ethics*, 1106a:17-24.『ニコマコス倫理学』

77. ホックシールドによれば、「人間の目的とは何か」という問いは20世紀まではなくなっていなかったという。19世紀にはこれが次第に「人生に意味はあるか」という問いに置き換わり始めたのではないかと私は考えている。

Rustichini, "A Reassessment of the Relationship Between GDP and Life Satisfaction," *PLOS ONE* 8, no. 11 (2013): e79358 およびDaniel W. Sacks, Betsey Ayer Stevenson & Justin Wolfers, "The New Stylized Facts About Income and Subjective Well- Being," *Emotion* 12, no. 6 (2012): 1181-1187なども参照。

47. Andrew T. Jebb, Louis Tay, Ed Diener & Shigehiro Oishi, "Happiness, Income Satiation and Turning Points Around the World," *Nature Human Behaviour* 2, no. 1 (2018): 33-38.

48. Jonathan Haidt, *The Happiness Hypothesis: Finding Modern Truth in Ancient Wisdom* (New York: Basic Books, 2006), 89.『しあわせ仮説:古代の知恵と現代科学の知恵』(藤澤隆史・藤澤玲子訳、新曜社、2011年)

49. Chuck Palahniuk, *Fight Club* (London: Vintage Books, 2010), 149.『ファイト・クラブ』(池田真紀子訳、早川書房、2015年)

50. Statista, "Media Advertising Spending in the United States from 2015 to 2022 (in billion U.S. dollars)," March 28, 2019, https://www.statista.com/statistics/272314/advertising-spending-in-the-us/.

51. Barry Schwartz, *The Paradox of Choice: Why More Is Less* (New York: HarperCollins, 2004).『なぜ選ぶたびに後悔するのか——「選択の自由」の落とし穴』(瑞穂のりこ訳、武田ランダムハウスジャパン、2004年)

52. Herbert A. Simon, "Rational Choice and the Structure of the Environment," *Psychological Review* 63, no. 2 (1956): 129-138. サイモンは「犠牲」と「最適化」という2つの戦略を対比させている。

53. Nathan N. Cheek & Barry Schwartz, "On the Meaning and Measurement of Maximization," *Judgment and Decision Making* 11, no. 2 (2016): 126-146を参照。

第4章

54. Samantha J. Heintzelman & Laura A. King, "Life Is Pretty Meaningful," *American Psychologist* 69, no. 6 (2014): 561-574.

55. *The Health and Retirement Study*, an ongoing longitudinal study of Americans overage 50 sponsored by the National Institute on Aging at the University of Michiganの提供。http://hrsonline.isr.umich.edu/. この結果は、Heintzelman & King, "Life Is Pretty Meaningful"で報告されている。

56. Rosemarie Kobau, Joseph Sniezek, Matthew M. Zack, Richard E. Lucas & Adam Burns, "Well-Being Assessment: An Evaluation of Well-Being Scales for Public Health and Population Estimates of Well-Being Among US Adults," *Applied Psychology: Health and Well-Being* 2 (2010): 272-297.

57. Oishi & Diener, "Residents of Poor Nations Have a Greater Sense of Meaning in Life Than Residents of Wealthy Nations".

58. Fei-Hsiu Hsiao, Guey-Mei Jow, Wen-Hung Kuo, King-Jen Chang, Yu-Fen Liu, Rainbow T. Ho, et al., "The Effects of Psychotherapy on Psychological Well-Being and Diurnal Cortisol Patterns in Breast Cancer Survivors," *Psychotherapy and Psychosomatics* 81 (2012): 173-182.

59. Heintzelman & King, "Life Is Pretty Meaningful," 567.

60. 誰にでもなにかに幻滅して気分が落ち込んでいるときはあるし、自分の心の状態を正確に人に伝えられる人ばかりでもない。だから、この種の話はいつも多少、割り引いて受け止めるべきだろう。ただし、偏見、思い込みがあまりにもひどいのでこの種の主観的な報告にはまったく価値がないという証拠があるわけではない。おそらく、概ね報告を信用してよいと考えて間違いはないと思う。OECD, *OECD Guidelines on Measuring Subjective Well-Being* (Paris: OECD Publishing, 2013)などを参照。その人の主観的な経験に関係なく人生の意味を測れるなにか客観的な基準を設けるべき、と主張する人もいるが、私自身の考えは、その人の主観的経験によって人生の意味を測ろうとしている心理学者たちに近い。

61. Jon H. Kaas, "The Evolution of Brains from Early Mammals to Humans," *Wiley Interdisciplinary Reviews: Cognitive Science* 4, no. 1 (2013): 33-45. Joseph R. Burger, Menshian A. George, Claire Leadbetter & Farhin Shaikh, "The Allometry of Brain Size in Mammals," *Journal of Mammalogy* 100,

32. Weiner, *The Geography of Bliss*, 318.『世界しあわせ紀行』
33. Iris B. Mauss, Maya Tamir, Craig L. Anderson & Nicole S. Savino, "Can Seeking Happiness Make People Unhappy? Paradoxical Effects of Valuing Happiness," *Emotion* 11, no. 4 (2011): 807-815. Maya Tamir & Brett Q. Ford, "Should People Pursue Feelings That Feel Good or Feelings That Do Good? Emotional Preferences and Well-Being," *Emotion* 12, no. 5 (2012): 1061- 1070を参照。
34. Iris B. Mauss, Nicole S. Savino, Craig L. Anderson, Max Weisbuch, Maya Tamir & Mark L. Laudenslager, "The Pursuit of Happiness Can Be Lonely," *Emotion* 12, no. 5 (2012): 908-912.
35. うつの兆候がある人は、自分がどれだけ幸福かを繰り返し人に話すと、幸福度を下げることにつながる場合がある。Tamlin S. Conner & Katie A. Reid, "Effects of Intensive Mobile Happiness Reporting in Daily Life," *Social Psychological and Personality Science* 3, no. 3 (2012): 315-323を参照。
36. 哲学者の中には、幸福と人生の意味を根本的に違ったものとみなす人も多い。Thaddeus Metz, *Meaning in Life: An Analytic Study* (Oxford: Oxford University Press, 2013), chapter 4; and Susan Wolf, "Meaningfulness: A Third Dimension of the Good Life," *Foundations of Science* 21, no. 2 (2016): 253-269を参照。
37. 哲学者ロバート・ノージックの、あらゆる喜びを与えてくれる機械があったらと想像してみる、という古典的な思考実験も参考になるだろう。そういう機械があっても、使いたがらない人は多いかもしれない。Robert Nozick, *Anarchy, State, and Utopia* (Padstow: Blackwell, 1974), 42.『アナーキー・国家・ユートピア——国家の正当性とその限界』(嶋津格訳、木鐸社、1995年)
38. John F. Helliwell, Richard Layard & Jeffrey D. Sachs, eds. *World Happiness Report 2019* (New York: Sustainable Development Solutions Network, 2019). 過去の世界幸福度報告も参照。
39. Jakub Marian, "Number of Metal Bands per Capita in Europe," https://jakubmarian.com/number-of-metal-bands-per-capita-in-europe/を参照。
40. John F. Helliwell et al., *World Happiness Report 2019*.
41. たとえば、Max Haller & Markus Hadler, "How Social Relations and Structures Can Produce Happiness and Unhappiness: An International Comparative Analysis," *Social Indicators Research* 75, no. 2 (2006): 169-216; Ronald Inglehart, Roberto Foa, Christopher Peterson & Christian Welzel, "Development, Freedom, and Rising Happiness: A Global Perspective (1981-2007)," *Perspectives on Psychological Science* 3, no. 4 (2008): 264-285を参照。
42. Jon Clifton, "People Worldwide Are Reporting a Lot of Positive Emotions," May 21, 2014. http://news.gallup.com/poll/169322/people-worldwide-reporting-lot-positive-emotions.aspx.
43. World Health Organization, *Global Health Estimates 2015: DALYs by Cause, Age, Sex, by Country and by Region, 2000-2015* (Geneva: World Health Organization, 2016).
44. たとえば、この2つを比較してみるとよい。Dheeraj Rai, Pedro Zitko, Kelvyn Jones, John Lynch & Ricardo Araya, "Country- and Individual- Level Socioeconomic Determinants of Depression: Multilevel Cross-National Comparison," *The British Journal of Psychiatry* 202, no. 3 (2013): 195-203と、Alize J. Ferrari, Fiona J. Charlson, Rosana E. Norman, Scott B. Patten, Greg Freedman, Christopher J. L. Murray, et al., "Burden of Depressive Disorders by Country, Sex, Age, and Year: Findings from the Global Burden of Disease Study 2010," *PLOS Medicine* 10, no. 11 (2013): e1001547.
45. Brett Q. Ford, Phoebe Lam, Oliver P. John & Iris B. Mauss, "The Psychological Health Benefits of Accepting Negative Emotions and Thoughts: Laboratory, Diary, and Longitudinal Evidence," *Journal of Personality and Social Psychology* 115, no. 6 (2018): 1075-1092を参照。
46. 収入と幸福度の関係性は直線的ではなく対数的である。だが、収入の増加による幸福度の向上に飽和点があるかについては研究者の間でまだ議論が続いている。一般には、収入が増加するにつれ、幸福度の向上は鈍っていくという関係性があるので、飽和点がある可能性は高いと言えるかもしれない。Daniel Kahneman & Angus Deaton, "High Income Improves Evaluation of Life But Not Emotional Well-Being," *Proceedings of the National Academy of Sciences*, 107, no. 38 (2010): 16489- 16493; Eugenio Proto & Aldo

Press, 2007), 29.『実存主義とは何か』(伊吹武彦訳、人文書院、1996年)

15. たとえば、Angus Deaton, "Income, Health, and Well-Being around the World: Evidence from the Gallup World Poll," *Journal of Economic Perspectives* 22, no. 2 (2008): 53-72を参照。

16. Oishi & Diener, "Residents of Poor Nations Have a Greater Sense of Meaning in Life Than Residents of Wealthy Nations".

第2章

17. この3つの段階を考えたのは、ジョー・ミントフである。Joe Mintoff, "Transcending Absurdity," *Ratio* 21, no. 1 (2008): 64-84を参照。

18. Neil de Grasse Tyson, *Astrophysics for People in a Hurry* (New York: W. W. Norton & Company, 2017), 13.『忙しすぎる人のための宇宙講座』(渡部潤一監修、田沢恭子訳、早川書房、2018年)

19. Thomas Nagel, "The Absurd," *The Journal of Philosophy*, 68, no. 20 (1971): 716-727, 717.

20. Mintoff, "Transcending Absurdity."

21. Leo Tolstoy, *Confession*, trans. David Patterson (New York: W. W. Norton & Co., 1983), 49.『懺悔』(原久一郎訳、岩波書店、1935年)

第3章

22. Carlin Flora, "The Pursuit of Happiness," *Psychology Today*, January 2009. Available online: https://www.psychologytoday.com/intl/articles/200901/the-pursuit-happiness.

23. Darrin M. McMahon, "From the Happiness of Virtue to the Virtue of Happiness: 400 B.C.-A.D. 1780," *Daedalus* 133, no. 2 (2004): 5-17.

24. Geoffrey Chaucer, *The Canterbury Tales*, rendered into Modern English by J. U. Nilson (Mineola, NY: Dover Publications, 2004), 215.『完訳　カンタベリー物語』(桝井迪夫訳、岩波書店、1995年)

25. Roy F. Baumeister, "How the Self Became a Problem: A Psychological Review of Historical Research," *Journal of Personality and Social Psychology* 52, no. 1 (1987), 163-176などを参照。

26. "happiness"という言葉の歴史については、Darrin M. McMahon, *The Pursuit of Happiness: A History from the Greeks to the Present* (London: Allen Lane, 2006)を参照。

27. 1689年にジョン・ロックは、「幸福の追求」が人間を動かすと言っている。John Locke, *An Essay Concerning Human Understanding* (London: Penguin Books, 1689/1997), 240.『人間悟性論』(加藤卯一郎訳、一穂社・紀伊國屋書店、2004年) McMahon, "From the Happiness of Virtue to the Virtue of Happiness"も参照。

28. Charles Taylor, *The Ethics of Authenticity* (Cambridge, MA: Harvard University Press, 1991)『〈ほんもの〉という倫理――近代とその不安』(田中智彦訳、産業図書、2004年)などを参照。

29. 幸福の定義については、西洋哲学や心理学ではさまざまに意見が分かれている。幸福とは満足を得ることだとする人もいれば、良い感情、感覚を多く持つことが幸福だとする人もいる。自分の人生に対して好意的な感情を持てることが幸福だ、というような複雑な説明をする人もいる。今のところ、幸福の定義は定まっていないが、ともかくそれが主観的な感覚、感情であり、自分の人生をなにかしら良いものとみなせることだというのは間違いないだろう。幸福の定義に関わる議論については、Daniel M. Haybron, *The Pursuit of Unhappiness: The Elusive Psychology of Well-Being* (New York: Oxford University Press, 2008)などを参照。

30. Luo Lu & Robin Gilmour, "Culture and Conceptions of Happiness: Individual Oriented and Social Oriented SWB," *Journal of Happiness Studies* 5, no. 3 (2004): 269-291.

31. Eric Weiner, *The Geography of Bliss* (New York: Hachette Book Group, 2008), 316-318.『世界しあわせ紀行』(関根光宏訳、早川書房、2016年)

原 注

はじめに

1. Roy F. Baumeister & Kathleen D. Vohs, "The Pursuit of Meaningfulness in Life," *Handbook of Positive Psychology*, eds. Charles R. Snyder & Shane J. Lopez, 608-618 (New York: Oxford University Press, 2002), 613.
2. Lisa L. Harlow, Michael D. Newcomb & Peter M. Bentler, "Depression, Self-Derogation, Substance Use, and Suicide Ideation: Lack of Purpose in Life as a Mediational Factor," *Journal of Clinical Psychology* 42, no. 1 (1986): 5-21; Craig J. Bryan, William B. Elder, Mary McNaughton-Cassill, Augustine Osman, Ann Marie Hernandez & Sybil Allison, "Meaning in Life, Emotional Distress, Suicidal Ideation, and Life Functioning in an Active Duty Military Sample," *The Journal of Positive Psychology* 8, no. 5 (2013): 444-452. 人生の意味と自殺率の関係が国ごとにどう違っているかを詳しく知りたい場合は、Shigehiro Oishi & Ed Diener, "Residents of Poor Nations Have a Greater Sense of Meaning in Life Than Residents of Wealthy Nations," *Psychological Science* 25, no. 2 (2014): 422-430を参照。
3. Michael F. Steger, "Meaning and Well-Being," *Handbook of Well-Being*, eds. Ed Diener, Shigehiro Oishi & Louis Tay (Salt Lake City, UT: DEF Publishers, 2018)を参照。
4. Randy Cohen, Chirag Bavishi & Alan Rozanski, "Purpose in Life and Its Relationship to All-Cause Mortality and Cardiovascular Events: A Meta- Analysis," *Psychosomatic Medicine* 78, no. 2 (2016): 122-133 for a meta-analysis of ten prospective studies with a total of 136,265 participantsを参照。
5. Viktor Frankl, *Man's Search for Meaning* (New York: Washington Square Press, 1963), p. 164.『夜と霧 新版』(池田香代子訳、みすず書房、2002年)この引用元はニーチェ『偶然の黄昏』(村井則夫訳、河出書房新社、2019年)による。
6. Alasdair MacIntyre, *After Virtue*, 3rd ed. (Notre Dame, IN: University of Notre Dame Press, 2007).『美徳なき時代』(篠﨑榮訳、みすず書房、1993年)
7. Christian Welzel, *Freedom Rising: Human Empowerment and the Quest for Emancipation* (New York: Cambridge University Press, 2013)を参照。
8. Tim Kreider, "The 'Busy' Trap," The New York Times, June 30, 2012. https://opinionator.blogs.nytimes.com/2012/06/30/the-busy-trap/.
9. Iddo Landau, *Finding Meaning in an Imperfect World* (New York: Oxford University Press, 2017), 205.
10. 人間の置かれた状況についてのこういう考え方は、ウィリアム・ジェームズやジョン・デューイに由来する。二人はどちらもプラグマティズム哲学の重要人物だ。Frank Martela, "Pragmatism as an Attitude," in *Nordic Studies in Pragmatism 3: Action, Belief and Inquiry- Pragmatist Perspectives on Science, Society and Religion*, ed. Ulf Zackariasson, 187-207 (Helsinki: Nordic Pragmatism Network, 2015)や、私の2つ目の論文、Frank Martela, *A Pragmatist Inquiry into the Art of Living:Seeking Reasonable and Life-Enhancing Values within the Fallible Human Condition* (Helsinki: University of Helsinki, 2019)の序文も参照。

第1章

11. Albert Camus, *The Myth of Sisyphus*, trans. Justin O'Brien (New York: Vintage Books, 1955).『シーシュポスの神話』(清水徹訳、新潮社、1969年)
12. Todd May, *A Significant Life: Human Meaning in a Silent Universe* (Chicago: The University of Chicago Press, 2015), ix.
13. Robert N. Bellah, Richard Madsen, William M. Sullivan, Ann Swidler & Steven M. Tipton, *Habits of the Heart* (Berkeley: University of California Press, 1985).『心の習慣——アメリカ個人主義のゆくえ』(島薗進・中村圭志訳、みすず書房、1991年)引用は、原著のp20～22、p76から。
14. Jean-Paul Sartre, *Existentialism Is a Humanism*, trans. Carol Macomber (New Haven: Yale University

| 著者 |

フランク・マルテラ

Frank Martela

フィンランド出身。気鋭の若手哲学者、心理学研究者。哲学と組織研究の2つの博士号を持ち、「人生の意味」の問題を専門とする。タンペレ大学で福祉心理学の教鞭を執りつつ、アアルト大学を拠点に活動。学際的なアプローチを行い、多分野の学術誌で精力的に論文を発表する傍ら、ハーバード・ビジネス・レビュー等の一般誌にも寄稿。また、ニューヨーク・タイムズ等のメディア露出や、スタンフォード、ハーバードなど世界の大学での招待講演など、活躍の場は幅広い。プライベートでは3児の父。

| 訳者 |

夏目 大

Dai Natsume

大阪府生まれ。同志社大学文学部卒業。SEとして勤務したのち翻訳家に。主な訳書に、ディディエローラン『6時27分発の電車に乗って、僕は本を読む』、レナード『ゴビ 僕と125キロを走った、奇跡の犬』(ハーパーコリンズ・ジャパン)、ゴドフリー=スミス『タコの心身問題——頭足類から考える意識の起源』(みすず書房)、グリック『タイムトラベル 「時間」の歴史を物語る』(柏書房)、『エルヴィス・コステロ自伝』(亜紀書房)など。

世界一《せかいいち》しあわせなフィンランド人《じん》は、幸福《こうふく》を追《お》い求《もと》めない

2021年3月22日発行　第1刷

著者　フランク・マルテラ

訳者　夏目 大

発行人　鈴木幸辰

発行所　株式会社ハーパーコリンズ・ジャパン
東京都千代田区大手町1-5-1
電話 03-6269-2883(営業)／0570-008091(読者サービス係)

印刷・製本　中央精版印刷株式会社

ISBN978-4-596-55164-1